①洋装する新島八重

日清戦争時の撮影か（拙著『ハンサムに生きる』137頁)。ならば，50歳前後である。一説には、44歳ころ（1889年撮影）の写真であるともいう。すると、新島襄が亡くなる前の年にあたる。

いずれにせよ、京都という古都は、一方で因循姑息とも言われる伝統社会だけに、洋装するだけで、風当たりは強かったであろう。30歳前から始めた洋装が、50前後まで続いていることは、街中にあっては、時には「飛んでる女」と見られかねなかった。

彼女が、京都では最初に洋装を取り入れた女性のひとりであることは事実である。が、常時、それを通したわけではない。家事でも外出時でも、ときに和装を好んだ。とりわけ、後半生は、じょじょに和装に回帰した。

JOSEPH HARDY NEESIMA AND HIS WIFE.

②新島襄・八重のツーショット

デイヴィスによる新島伝（J.D.Davis, *A Maker of New Japan Rev.Joseph Hardy Neesima*, a frontispiece, Fleming H. Revell Company, 1894）に収録された写真。夫妻のツーショット写真は、もう一枚ある。世に一番よく知られた新婚時代の写真である。いずれも、新島が立ち、八重を坐らせている（拙著『ハンサムに生きる』24頁）。

③山本覚馬の肖像画（庄司佼画、1992年）

新島会館別館（京都御苑東）の壁に掛けてある。他にも、中山泰輔画の肖像画（1934年）が、同志社チャペルの正面の壁に新島襄、J・D・デイヴィスの肖像画と並べて、掛けてある（拙著『マイナーなればこそ』口絵⑫）。

先生ノ一家族

④新島襄（後列）と家族

前列左から、新島の妻（八重）、義母（佐久）、父（民治）、母（登美）、姉（美代）。ゼ・デ・デビス編『補正　新嶋襄先生伝』（2〜3頁、警醒社、1903年）に所収の写真。

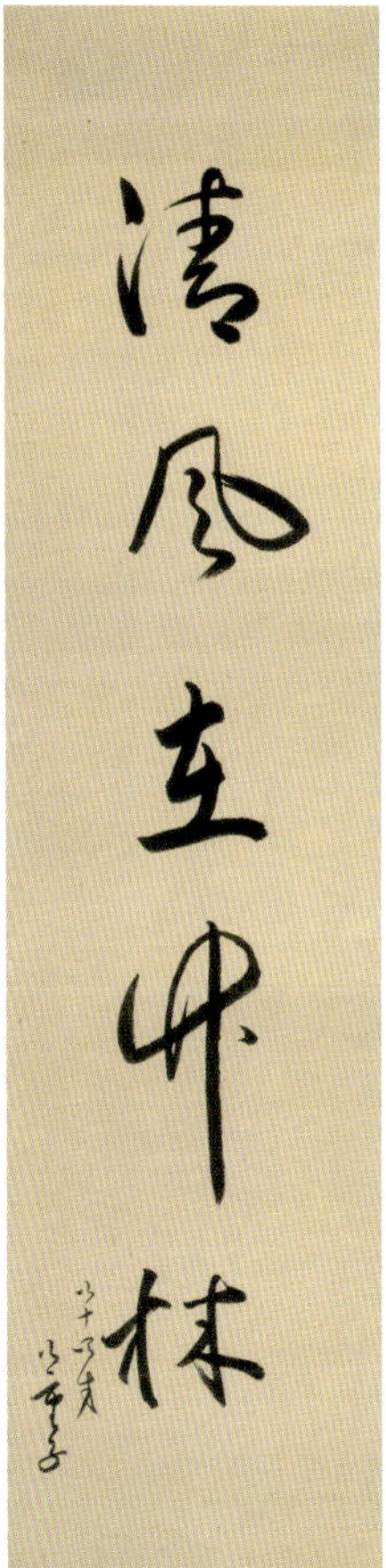

⑤「清風在竹林」

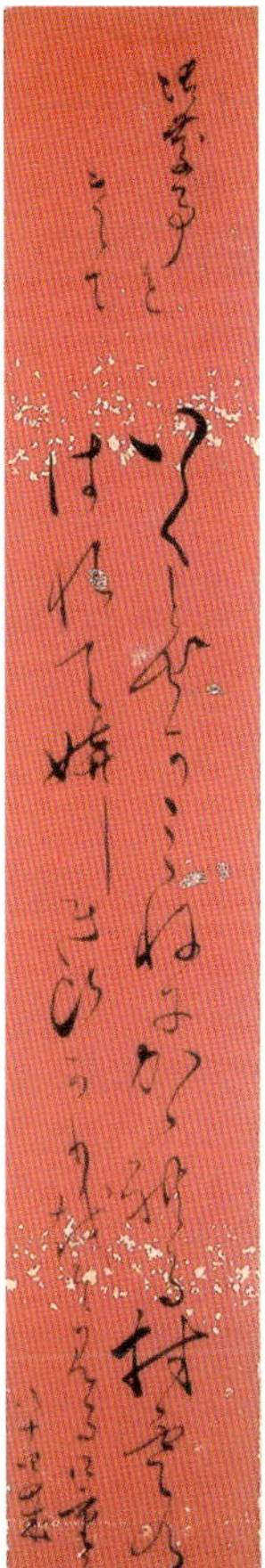

⑥「御慶事をききて」詠んだ歌

八重の書。⑤の軸は新島遺品庫収蔵。⑥の短冊は、松平節子と秩父宮との結婚を祝って詠まれた。「いくとせか峰にかかれる村雲のはれて嬉しきひかりをそ見る」（本書154頁参照）。会津市立図書館蔵。

⑦重陽閣（会津若松市、御薬園）

⑧秩父宮妃殿下顕彰碑（同前）

重陽閣（ちょうようかく）は、秩父宮妃殿下（勢津子姫）ゆかりの建物。八重が終生、忠信を誓った松平容保（かたもり）の孫である勢津子姫が、婚礼前（1928年夏）、会津に４日間、里帰りした際に、東山温泉・新瀧旅館に新築された別館。1973年、現在の御薬園（おやくえん）に移転され、重陽閣と名づけられた。⑧は重陽閣の前に建てられた秩父宮妃殿下の顕彰碑（本書152頁参照）。

NEESIMA'S WIFE AND MOTHER.

⑨八重と母

新島八重（左）と母（山本佐久）。*A Maker of New Japan Rev. Joseph Hardy Neesima*, pp.62〜63に収録された写真。

⑩浅草・称福寺の入り口

⑪同墓地

浅草（東京都台東区今戸２―５―４）にある浄土真宗本願寺派寺院。八重の最初の夫・川崎尚之助の墓は、米沢藩士の小森沢長政により、ここに設けられた。かつてこの寺は、会津藩との縁（ゆかり）が深かったという。川崎の墓は整理されたためか、現存しない（本書63頁参照）。墓地からは竣工間近かの東京スカイツリーが臨めた（2011年11月７日撮影）。

日本の元気印・新島八重

本井康博 著

新島襄を語る・別巻（一）

《目次》

はじめに

「新島八重って、どんな人？」。

正解は、「蛙の面に水」がぴったりの人、です。「肝玉レイディ」もアリでしょう。なにしろ、鶴ケ城に一か月間、籠城し、男装して勇ましい銃撃戦を繰り広げた、という女丈夫です。

戊辰戦争（会津戦争）の心意気は、「矢でも鉄砲でも持ってこいっ」だったでしょうね。この発言は、「歴史秘話ヒストリア」のインタビュー取材では、「ＮＨＫお買い上げ」となり、全国に流れました。

京都に転じて、当地で最初のクリスチャン（プロテスタント）になった時も、そうです。未知の世界へ飛び込むのですから、男だってビビリます。まして、古都のことですから、仏教徒から嫌われたり、住民からイケズをされます。が、ちっとも堪えない。

クリスチャンの新島襄と婚約すると、あんのじょう、社会的ペナルティーが待っていました。婚約したという、ただそれだけのことで、知事から突然、女学校教員のクビを切られます。でも、彼女はちっともドタバタしない。

周辺から「悪妻」、と非難されても、そうです。ひるまない。ヤソの上に、地方（会津）出、と来ていますから、気位の高い京都人から見ると、変わり者、いや田舎者同然です。結婚しても、誰も新居になんか来てくれません。話しかけてもくれない。いや、避けられてます。

町内でも、学校（同志社）でも、何を言われるか、わからない。ですが、彼女には、周辺の雑音なんて、へっちゃらです。同志社の男子学生から、悪態をつかれることもありました。公開の演説会で、目の前にいる壇上の学生から、痛烈な人身攻撃を食らわされたことさえ、ありました。若き徳富蘇峰（そほう）の「ヤエはヌエ（ばけもの）」演説にも、ヘコミません。

蘆花（ろか）から小説で、悪口雑言（あっこうぞうげん）を吐（は）かれても、平気の平左（へいざ）です。

そうなんです。常に堂々としています。なにしろ、「戦いは、面白い」と豪語する女傑です。「戦争上りのお転婆娘」を自称する女丈夫です。会津戦争で、生きるか死ぬかの銃撃戦（しゅらば）を潜り抜けたことで、彼女の肝っ玉と神経は、いっそう逞（たくま）しくなりました。だから、身体を張って、信念のままに生きる。自分を貫く。ブレない姿勢は、まさに天晴れです。

女丈夫（おんなますらお）は、まもなく大河ドラマ「八重の桜」で全国デビューします。夫である新島襄（じょう）ですら、知名度は全国区ではありません。その連れ合いとなれば、なおさらマイナーです。なぜ、そんな無名の女性が、大河ドラマのヒロインに抜擢（ばってき）されたのか。

会津の出身だからです。福島県人だからです。「八重の桜」は、東日本大震災と福島原発事故というダブルパンチを浴びた福島、さらには東北全体に元気を送りこむための番組、と聞いております。それには、八重はぴったりのキャラです。

これが、福沢諭吉夫人や大隈（おおくま）重信夫人ならば、どうか。まあ、無理でしょう。単発番組ならいざ知らず、一年間の長期にわたる、大河ドラマの主役は、張れません。たとえ、福島県人だったとしても、です。キャラ不足ですから。

八重なら、度胸が据わった言動やら、持ち前の不撓不屈の精神が、存分に発揮されるはずです。正真正銘、彼女は「日本の元気印」、「復興の素」です。会津名産で言えば、「起き上がり小法師」。強靭な回復力の持ち主で、「七転び八起き」を地で行きます。

本書は、いわば「闘うおんな」の出陣記です。八重未知数の方や、自称「八重の桜」若葉マークの方には、巻末に「はじめての八重（つぼみ編）」を用意いたしました。こちらから、お入りください。

今後、八重が持つ類まれな逞しさが、日本中に大いに広まることを期待して、新島八重を全国に送り出します。

今日、京都府庁に行ってきました。京都の「八重の桜」とも言うべき「容保桜」のイラストを描くためです。その出来映えは——多少とも見映えのするもの（本書ウラ表紙）になったかどうか、不安です。モデルの桜の方は、満開でした。三春町の「滝桜」（黄金週間に満開とか）と共に東日本復興の「大金星」になってくれそうな予感がしました。

八重もまた、笑みを満面にたたえながら、本書の旅立ちを祝ってくれているようでした。そこで、お返しに八重にはなむけの一言を——

それ行け、八重さん！

二〇一二年四月十二日　　本井康博

大河ドラマ「八重の桜」
——日本の元気印・新島八重——

八重が再デビュー

八重が桜となって、開花します。二度目の開花です。二〇〇九年四月に、「歴史秘話ヒストリア」で「ハンサム・ウーマン」として取り上げられたばかりです。こんなに早くＮＨＫでの出番が、それも全国ネットで、また来るとは、思いませんでした。

再デビューの報道そのものが、衝撃的でした。『朝日新聞』（二〇一一年六月十二日）に新島八重のことが、突然、載りました。見出しは、「ＮＨＫ、十三年の大河は福島が舞台　新島襄の妻が主人公」でした。

以後、八重の出身地であるこの会津はもちろん、わが同志社でも、受け入れと言うか、対応と言うべきか、いろいろな動きが活発になりました。八重の単行本やら小冊子、ツアー、イベント、マンガ、キャラクターグッズなどなど、もろもろの企画が、花盛りです。

こうして、京都から会津に招いていただけるのも、八重さんのおかげです。数年前（二〇〇七年）の七月に八重ゆかりの地をひとり訪ねて、若松と喜多方で調査をしたことがあります。当時は、八重など、知る人ぞ知る存在でした。今は様変りです。

『朝日新聞』がスクープ

すべては、昨年六月の朝日の報道から始まりました。記事は、以下の通りです。

「NHKは二〇一三年に放送する大河ドラマの主人公を、福島県出身で、同志社大学を創設した新島襄の妻、新島八重（一八四五～一九三二）にすることを決めた。東日本大震災で当初の予定を急きょ変更、震災関連プロジェクトの一環として、福島を舞台にした作品で『被災地を元気づけたい』というのです。

八重は、兵学をもって会津藩に仕えた家に生まれた。戊辰（ぼしん）戦争では自ら銃を取って戦ったとの逸話を持ち、その豪傑ぶりから『幕末のジャンヌ・ダルク』とも呼ばれる。

維新後は京都に移って教育に従事し、襄と結婚。日清・日露両戦争では自ら望んで看護師として働いた」。

それにしても、この記事には、タイトルも主役も脚本家の名前もありません。その点、異例のフライング報道です。スクープと言ってもいいでしょうね。ただ、その後、当のNHKはもちろん、他社の新聞、テレビ、週刊誌は、どこもこれを追った形跡がありません。黙殺しました。

続報がなかったので、一部では半信半疑で受け止められました。デマや誤報を期待するムキさえあったようです。

『福島民友』が追随

新聞で朝日に追随したのは、ただ一紙でした。六月十四日の『福島民友』です。ですが、福島の地元紙でさえも、慎重です。「八重に決定した」とは、さすがに断定していません。「大河に『新島八重』有力　若松出身、新島襄の妻」という見出しから推測できるように、控えめです。参考までに、全文を引きます。

「二〇一三（平成二十五）年放送のＮＨＫ大河ドラマの主人公に会津若松市出身で、同志社大を設立した新島襄の妻・新島八重が有力になっていることが十三日、関係者の話で分かった。ＮＨＫは地元、会津若松市の関係者に伝えた模様。震災復興支援の一環として本県を舞台にしたとみられ、原発事故の影響で観光客が激減している同市では『大変明るい話題だ』と歓迎ムード。菅家一郎市長も『正式決定であれば、ＮＨＫや同志社大と連携し、できる限りの支援をしていきたい』と早くも意気込んでいる」。

「天地人」以来のヒット

続いてこうあります。

「地元の会津若松市の関係者はまだ正式発表ではないものの、八重の主人公〝当選確実〟に喜びを隠せない。宮森泰弘会津若松商工会議所会頭は『公式発表はまだだが、実現すれば会津にとって素晴らしい』と地域活性化の起爆剤として期待を寄せる。また菅家市長は『戊辰戦争のつらい時代を乗り越えた会津の歴史に光を当て、知ってもらうことで東日本大震災の被災者を勇気づけるようなドラマにしてほしい』と願いを込めた。

ドラマが実現すれば、本県が大河ドラマの舞台になるのは二〇〇九年の『天地人（てんちじん）』以来となる」。

「天地人」と言えば、その時のチーフプロデューサー、内藤愼介氏が、今度の「八重の桜」でもチーフプロデューサーを務めます。奇しきつながりですよね。

NHKの公式発表

この報道にしても、NHKの正式発表の前だけに、推測に留まらざるをえません。当時、八重にもっとも関係する本学（同志社大学企画部広報課）も、マスコミ各社からコメントを求められましたが、答えようがありませんでした。

私はこの件を函館で聞きました。おりしも、「同志社フェアin函館」（六月十一日～十三日）のために函館に出張中で、企画部長、広報室長、広報課長なども一緒でした。たまたまですが、マスコミ対応の関係担当者が函館に集結しておりましたので、現地で対応をすぐに練ることができました。

一方、すっぱ抜かれたNHKの側でも、混乱やゴタゴタがあったと思われます。正式発表は、スクープされてから十日経った六月二十二日でした。その日の定例記者会見で、NHKの金田新放送総局長が、二〇一三年に放送する大河ドラマを、「八重の桜」に決めた、と正式に発表しました。

金田氏は、ヒロインをこう紹介しました。八重とは、同志社大学（実は同志社ですが）を創設した新島襄の妻で、福島県出身の新島八重である、と。そして、「東日本大震災プロジェクトの一環で、福島県を舞台にすることで、被災地だけでなく、日本全体が活力を取り戻すことを願っている」とも述べました。東日本大震災が起きての八重、というわけです。

八重役には、綾瀬はるかさん

この日の会見でNHKは、ドラマのタイトル、ならびに作品のあらましや主演俳優を同時に発表しました。これまた、異例です。主演女優は綾瀬はるかさん、脚本は「ゲゲゲの女房」(朝ドラ)の山本むつみさんが担当、そしてチーフプロデューサーは内藤愼介氏、ディレクターは加藤拓氏、という発表です。

公式発表の翌日、私はひとりで洛東の若王子(にゃくおうじ)山に登り、同志社墓地に詣でました。もちろん、無人でした。八重のお墓の前に独りたたずみ、大河ドラマの件を報告しました。「これからしばらく、貴女の身辺が賑やかになりますが、こころ静かに眠っていてください」と。

「ドンマイ、ドンマイ」といった返事が、返ってきそうでした。なぜか。この程度のことで、慌(あわ)てふためくような女性でないことを十分、承知してますから。ですが、あえて「注進」に及びました。

それはいいとして、これからの話しです。お墓の前にお花や鶴ヶ城の写真(パネル)、会津のお酒などが並んでいるシーンが、私の頭の中を過(よぎ)ります。このすぐ近くの「会津墓地」がそうですから。八重はともかく、お隣りの連れ合いは、「八重さん、いいね。でも、お酒は―」とでも言うんでしょうか。

地元にがっかり感

今回の大河ドラマの発表は、ひとり会津若松にとどまらず、福島県に大きな反響を生みました。もちろん、大歓迎ムード一色です。

今日のイベントにしても、「放送一年前記念」行事です。厳寒期のこの時期（二月）に五百人もの市民の方がたがつめかけられる――大変な盛り上りです。知事さん（佐藤雄平氏）も市長さん（室井照平氏）も、ちゃんとフロアで聴いておられます。

ですが、その一方でがっかり感、というか意外感があったのも事実です。「どうして八重が」という反応があった、と聞いています。若松市は八年前から保科正之（ほしなまさゆき）（初代藩主）を大河ドラマに、という運動と陳情をくり広げてきたからです。こっちが大本命だったんですね。

なのに、ほぼ無名の八重が、しかも何の陳情も運動もしないのに、いわば「天下り」的に抜擢（ばってき）されたのです。ダークホースでもなかっただけに、実に意外だ、という受けとめ方が支配的でした。

京都の反応

同志社にしてもそうです。「歴史秘話ヒストリア」で八重がとりあげられたからには、次は新島襄を大河ドラマに！という声が、卒業生の間では広く聞かれました。それが、また八重になったのです。

京都の思惑は、また別の所にあります。昨年四月には府下の長岡京市が旗振り役となって、「NHK大河ドラマ誘致推進協議会」を立ち上げました。明智光秀や娘の細川ガラシャを取り上げてほしい、という運動を始めていました。二〇一四年の放送をめざしていますが、今となっては、京都市の次は京都府下、というのも、他府県から見ると、虫が良すぎる話になるかも——

新島襄役は未定

それはさておき、ＮＨＫの公的発表から二か月後の九月九日になって、ＮＨＫの制作担当者が来学されました。内藤氏、山本氏、そして加藤ディレクターです。三時間にわたって取材を受けました。私からも、番組の狙いを直接、お聞きすることができました。

その時の話では、主役以外のキャストはまだ未定、とのことでした。この前後から、私の周辺の学生や知人からは、「新島襄には、ぜひこの人を」という推薦が、私のところにも寄せられ始めました。中には、署名活動もしたので、ＮＨＫに売り込んでほしい、といった場違い、と言うか勘違いのものさえあります。

学生の間では、どんなタレントがノミネートされているか、と申しますと、ジョー繋がりでオダギリジョー（小田切譲）、そして竹野内豊、成宮寛貴、水嶋ヒロ、向井理、岡田将生、伊勢谷友介、伊藤淳史、真田広之—— こうした若手に比べると、私が好きな渡辺謙などは、新島の親爺か祖父役です。

一方の八重役、綾瀬はるかは、概ね好感を持たれています。女子学生にもファンが多いことは、びっくりです。「先生、サイン貰って」と懇願されます。なお、よく聞かれるのですが、現時点（二〇一二年二月）でも、八重以外の配役はまだ公表されていません。

八重はマイナー

それにしても、八重はどう見ても、メジャーじゃありません。マイナーです。お膝元の同志社にしてからが、そうです。学内で名前が上る機会は、多くはありません。いや、ほとんどありません。

現に、先月発売の『サンデー毎日』です。大谷實同志社総長が、作家の保阪正康さん（本学卒業生）との対談で、こう告白されてます。「私は毎年、幼稚園から大学院までの入学式と卒業式で、二十回以上、式辞を述べますが、八重に触れたことは一度もありません」（『サンデー毎日』五〇頁、二〇一二年一月二十二日）。もちろん、新島襄については、毎年、かならず何度も言及されます。

八重研究となると、それ以上の差があります。最近になって、同志社女子大学で有志の教員五人が新島八重研究会を立ち上げられました。「八重の桜」効果です。これまで学内では、新島研究会一本立で、新島襄についての研究が、主体でした。八重の研究は、まったく副次的でした。

学外での知名度

だから、学外ではそれ以上で、八重の名前はほぼ埋没状態でした。同じく『サンデー毎日』（一三四頁、二〇一二年一月二二日）で、編集長（山田道子さん）が、正直に告白されてます。「知らなかった、新島八重」と。同誌に保阪正康「八重と新島襄」を連載する企画が持ち上がって初めて、八重の名が浮かび上がった、というわけです。マスコミの最前線でも、まあ、実情はこんなところでしょう。

要するに、それほど、新島八重は世間に知られていません。八重が生きた時代には関心があっても、大河ドラマの主役としては、いかんせん小粒、というのが、ほぼ一致した世論のようです。むしろ、「朝ドラ」向きだという声が、世間では大きいですね。

とは言え、八重はこれでも、コミック（マンガ）の世界では「サムライ・レイディ」として多少、売れた存在です。文月今日子『結婚しない彼女』（宙出版、二〇一〇年）が、八重を取り上げています。ことしはさらに二冊、マンガが出るはずです。いずれも女性マンガ作家の作品です。

では、地元の評判は

じゃ、地元の福島県、とりわけ八重の出身地であるこの会津ではどうか。京都から見ると、あんまり芳しくありません。知ってる人でも、（旧姓の）「山本八重子」なら分かる、という程度です。

その山本八重子にしたって、県内での認識具合は、いまひとつです。例えば、（県が認定した）「福島県が生んだ歴史的な人物」の中にも、八重は、入っていません。いや、入っていませんでした。

その結果、「こんなマイナーな主役を大河に据えて、はたして一年もつのか」といった批判や懸念が、県外のあちこちで囁かれたのも、無理ありません。さらには、「マイナーすぎるから、最初から企画は失敗」とのキツイ批判すら、出る始末です。

だからと言って、大河ドラマで取り上げるな、というのは、非生産的です。歴史研究というものが存在する価値のひとつは、無名の存在を掘り起こして、メジャーにすることにあります。ドラマだって、伝記だって同じでしょう。

腕の見せ所

ともあれ、こういう八重が、大河ドラマの主役を張るのですから、脚本も大変です。NHKが、「ゲゲゲの女房」で評判をとった山本むつみさんを起用したのも、分かる気がします。

それにしても、NHKは、ほぼ無名の八重という女性をどう描くのか、描きたいのか。八重に比べると、多少は知名度のある新島襄に頼る、というのも、ひとつの手です。

けれども、それでは、当初の趣旨から外れかねません。なにしろ、「○○の妻」物語ではないからです。狙いは、あくまでも福島を元気にするための番組作りです。八重そのひとを正面に据えなければなりません。

八重はドラマ向き

その点、新島はあくまでも「助演男優」（場合によっては、それ以下の役）に徹しなければいけない。主人公に抜擢した福島県人が、たまたま（他の私学に配慮すると、あいにく）新島襄の妻だった、というだけのことですから。主演女優を食ってはいけません。いわんや、新島襄や同志社（大学）、ひいてはキリスト教の宣伝番組では、さらにありません。

ここまで来ると、状況は暗そうです。けれども、八重には大きな救いがあります。新島よりも八重の方が、ドラマ向きだ、という点です。私は前に、こう指摘しました。

「新島は硬派の一直線ですよ。ブレもないし、ある意味、単純明快。先が読めて、面白くない。ところが、八重さんは反対です。見る人に勇気と元気を与えますよ。物語的には面白い話が、できます」と（早川廣中・本井康博『新島八重と夫・襄』四四頁、思文閣出版、二〇一一年一二月）。

『サンデー毎日』の編集長も、「襄より八重のほうが、おもしろい」と公言されてます（同誌、一三四頁、二〇一二年一月二二日）。強力な援護射撃をもらった気分です。わが意を得たり、と思わず、納得してしまいました。まったく、その通りですよ。

敗者からの視点

チーフプロデューサーの内藤氏は、八重を取り上げた理由に関して、次のように発言されています。東日本大震災以降、大河ドラマに対する意識が「面白いものを作ろうというものから、〝今やるべきものは何か〟というものに変わっていった」、そこで「新しい時代に一歩踏み出し、日本人の勇気を後押しすることを目指して」八重を新しい題材として取り上げた、と。

続けて、これまで幾度と無く語られてきた明治維新だが、敗者となった会津からの視点、さらには女性の視点から描かれるものは、あまり例がない。今回、新島八重の生涯を通して見ることで、「新たな幕末・明治像」を提示したい、との狙いがある、という発言が報じられています。

二人の夫

報道では、内藤氏は、脚本家の山本氏に次のことを期待している、とのことです。「歴史ドラマだけでなく、風変わりでも強い絆に結ばれた八重と二人の夫・川崎尚之助、新島襄の夫婦愛」も丁寧に描き出してほしい、と。

なにしろ、今年の夏にクランクインし、二〇一三年一月から放映開始。以後、年末まで約五十回に及ぶ「大作」です。八重だけではもたない、ということもあってか、「二人の夫」も丁寧に描きたい、というのです。

これも、珍しいですね。「歴史秘話」の時は、新島との結婚が再婚であることは、ストーリー的に不必要、と判断されたのでしょうね、離婚の件は番組では触れられませんでした。それが今度は、一転して、先夫と二度目の夫をじっくりと描写したい、というのです。

川崎尚之助は闇の中

以上のことは、NHK情報を流すネット（Oricon career, 二〇一一年六月二十二日十六時三十五分）で明らかにされています。ここで問題が出てきます。川崎のことは、どこまで丁寧に扱えるのか、という点です。

今年の正月にKBS京都で再放送された「白虎隊」（TBS）では、川崎は思いのほか、出てきました。俳優は田中健でした。ただし、筋はかなりの創作（フィクション）を交えていました。

なにしろ、資料が無さ過ぎます。確実な資料や記録がないことは、歴史研究には致命的です。が、ものは考えようです。逆転の発想です。資料不足は、ドラマ制作の場合は、かえって幸運なことです。

資料に縛られずに、自由に話を展開させられるんですから、むしろオイシイくらいです。ストーリーの大半は、脚本家のイマジネーション次第です。

兄・山本覚馬

八重に戻ります。先のネット（Oricon career）記事は、独自の取材で次のような八重情報をも同時に流しています。

「新島八重は、福島県出身で同志社大学を創設した新島襄の妻。会津藩の砲術指南の山本家に生まれ、活発な〝少年時代〟を過ごし、兄・覚馬を師と仰ぎ、裁縫よりも鉄砲に興味を示す。

会津の人材育成の指針〝什の誓ひ（子弟教育七カ条）〟である『ならぬことはならぬもの』という教えを実践。会津戦争での敗北を受け入れると鉄砲を捨て、『知識』という新たな生きがいを得る。

アメリカで西洋文化にふれた夫・新島襄を『ジョー』と呼び捨てにするなど、封建的風潮の残る中、男女平等を望んだ。奇妙な夫婦関係を罵る世間の目を気にしない八重の生きざまを、夫は『ハンサムウーマン』と称した――」。

ここでは、「兄・覚馬」の名前をきちんと挙げています。そればかりか、彼の評価は実に高い。番組ではこれら「二人の夫」に負けず劣らずに、山本覚馬も丁寧に描かれること、間違いなしです。この点は注目のしがいがあります。西田敏行氏が四十代だったら、郡山出身の県人代表として覚馬役を演じてほしいな、と思ったりします。

以前、私は覚馬のことを「維新の星」と呼びました（『マイナーなればこそ』一〇二頁以下）。今回、大河ドラマで「復興の星」として描かれるのが、八重です。この兄にして、この妹ありです。同志社で働く一人として言えば、彼ら兄妹（きょうだい）は同志社の恩人です。だから、会津の方に足を向けて寝られないほどの存在です。

（ＮＨＫ大河ドラマ「八重の桜」放送一年前記念シンポジウム「私たちが受け継ぐ新島八重の志」、会津若松市　ベル・ルクス、二〇一二年二月一八日）

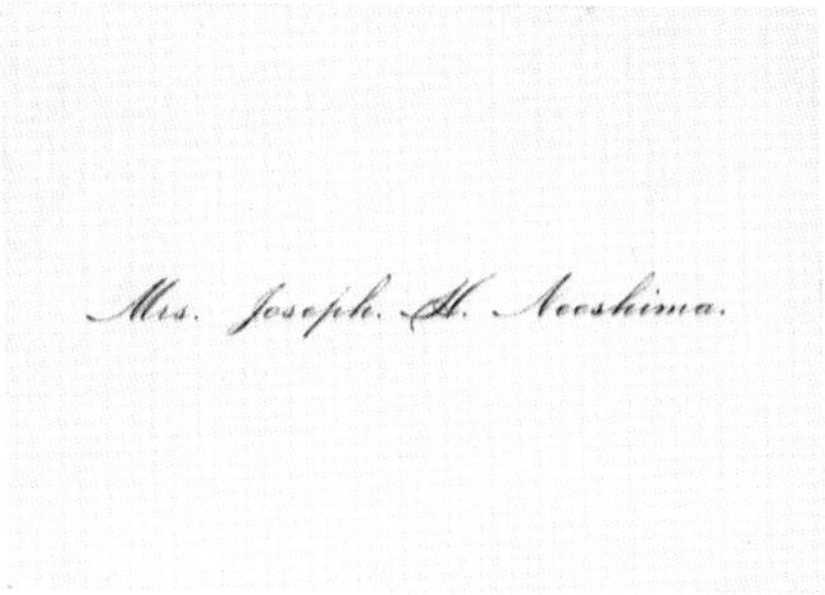

同右（裏）
「ミセス・ジョゼフ・H〔ハーディー〕・ニイシマ」とある。J・H・ニイシマは、夫の英文名である。

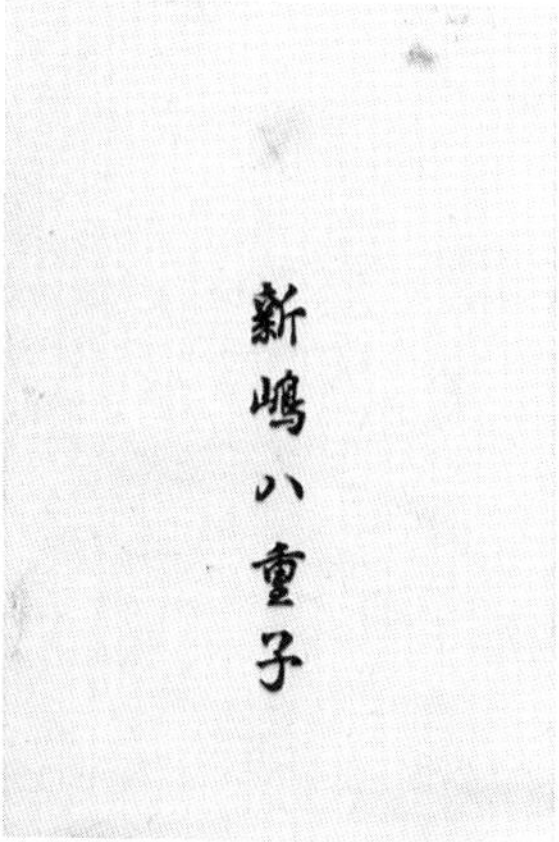

新島八重の名刺（表）

「新島八重」の名前

人名表記は、面倒である。以前、『現代語で読む新島襄』（59頁、丸善、2000年）に載せたコラムで、新島は「『にいじま』か『にいしま』か」を問題にしたことがある。新島八重のケースも例外ではない。

本来は、戸籍が「正解」とされる。これが「新嶌八重」なのである。さすがに、これを援用する者は、研究者にもいない。「新島」表記に関しては、今では、「新島」が「正解」という共通認識ができている。

新島襄本人は、「島」の代わりに「嶋」や「嶌」をしばしば使った。若王子にある八重の墓碑銘（親交のあった徳富蘇峰が書いた）は、「新嶋」。八重が使った名刺（同志社大学社史資料センター所蔵）も、実は「新嶋」である。

名前はどうか。「八重子」と「八重」が混在する。本人の手紙や書（揮毫）にも、両方が使われる。新島夫人の名刺では「八重子」である。

しかし、公的な文書（日清戦争従軍記章之証とか勲記、あるいは遺言状など）や墓碑銘は、八重である。

変わった表記としては、京都府庁文書には「屋恵子」がある（日比惠子氏提供）。ＮＨＫは、「八重子」ではなく、「八重」で行く。大河ドラマの名称を、はやばやと「八重の桜」と決めたからである。

「八重の桜」だより
――八重のセールス・ポイント――

「八重の桜」だより

「サクラサク」報道から、四か月が経ちました。ここ名古屋でも、とりわけ、同志社女子大学の卒業生の皆さまの周辺では、なにかと話題に上ることが多いのでは、と思います。

歓迎ムードが起きている一方で、世間では厳しい批判や不満があることも承知する必要があります。たとえば、ある視聴者からは、「同志社は神学部があるんだから、キリスト教の話を回避するには、無宗教系の私立大に改変するのか」といった疑問が、出ています。

宗教的な中立性を順守しなければならないのが、NHKです。だから、キリスト教寄り、との批判をかわすには、後半の信徒時代、あるいは同志社のことは、深く突っ込まない、つまり八重の会津時代に主に焦点を当てることです。

現に、聞くところによりますと、八重を演じる綾瀬はるかさんは、子役を使う少女時代を除いて、八重を最期までひとりで演じ抜く、といいます。以前の「篤姫（あつひめ）」の例（宮崎あおいさん）があるとはいえ、二十六歳の女優さんが、八十六歳の老婆に成りきるには、かなりの無理が伴うでしょうね。

京都時代の取り上げ方

新島の死後、四十二年間にも及んだ独身（寡婦）生活は、若手女優さんの出番を抑制しかねません。後半生はさっと流す、というのなら、話は別ですが。

もともと、「八重の桜」は福島応援番組ですから、ドラマの山場は、当然、会津に置かれるでしょうね。が、ここに大きな問題が発生します。会津時代は、八重の長い生涯の中では、あまりにも短かすぎます。わずか、二十数年です。おまけに少女時代のことは、わかっていません。

これに対して、京都へ転じてからの人生は、時間的には六十二年間にも及びます。会津の二・五倍です。ですが、京都での生活は、エピローグとは言えないまでも、ドラマでは二次的な位置に置かれるでしょうね。でないと、同志社応援作品にもなりかねない。

八重のセールス・ポイント

前半・後半のバランスとともに、注目したいのは、八重の売り出し方です。八重を「ひとりの女性」として取り上げる魅力は、いったいどこにあるのか、です。

それを知るには、ＮＨＫ公式サイトが、八重をどう紹介しているのか、が手掛かりになりそうです。八重の略歴は、こうなっています。

「会津藩の砲術師範、山本権八・佐久夫妻の子。戊辰戦争では断髪・男装に砲術をもって奉仕し、会津・鶴ヶ城籠城戦で自らもスペンサー銃を持って奮戦して『幕末のジャンヌ・ダルク』と呼ばれる。戊辰戦争開戦前に但馬出石藩〔現兵庫県豊岡市〕出身で〔会津〕藩校日新館〔蘭学所〕教授・川崎尚之助と結婚したが、籠城戦後に離縁。

明治維新後、兄・覚馬を頼って上洛し、新島襄と出会い結婚する。男尊女卑の当時、豪放で周囲からは勝手気ままに見える八重の生き方が、世間から『天下の悪妻』とも言われた。晩年に日清戦争、日露戦争に篤志看護婦として参加した功績により一九二八年（昭和三年）、昭和天皇の即位大礼の際に銀杯を下賜される。その四年後、八十七年の生涯〔享年・八十六〕を終えた」（〔 〕は本井。以下同）。

八重のキャッチコピー

見られるように、NHKは「幕末のジャンヌ・ダルク」、ならびに「天下の悪妻」に加えて、他の所では、「日本初の篤志看護婦」、「日本のナイチンゲール」、「ハンサム・ウーマン」という切り口を用意しています。

このうち、「ハンサム・ウーマン」は、NHKがかつての番組（歴史秘話ヒストリア）で作り上げたイメージです。旧作品を踏襲、というか、イメージを借りようとしています。

現時点で制作サイドが打ち出している展望やら方針を私なりにまとめてみます。そこには、新島八重を世に売り込むキャッチコピー（仕掛け）が、三つ考えられています。

（一）戊辰戦争に従軍した青年時代は、「幕末のジャンヌ・ダルク」。

（二）京都に転出して新島襄と結婚してからは、「ハンサム・ウーマン」。
（三）新島死後は、日清・日露戦争で篤志看護婦として活躍した「日本のナイチンゲール」。
こうした仕掛けは、かなり唐突に登場した嫌いがあります。一番歴史の浅い「ハンサム・ウーマン」に至っては、三年前の「歴史秘話ヒストリア」以後です。

これも、ひとえに「八重って誰？」という国民（視聴者）からの素朴な疑問に早急に答えるためには、必要な仕掛けですね。

福島県が生んだ歴史的な人物

仕掛けと言えば、これまでにすでに仕掛けられているものが、あります。NHKは、これをどう処理するのか、見ものです。

大河ドラマの正式発表があった九日後（七月一日です）、私は東京出張のついでに、東京駅近くの福島県アンテナショップ（福島県八重洲観光交流館）を覗いてみました。部屋の一番奥の壁に「福島県が生んだ歴史的な人物」が、一枚のポスターとなって掲示されていました。野口英世を始め、七人の名前と顔写真が並んでいます。瓜生岩子（社会事業家）、朝河貫一（歴史学者）、吉田富三（病理学者）、草野心平（詩人）、古関裕而（作曲家）、山川健次郎（帝大総長、本書一七七頁参照）です。

女性がひとり、食い込んでいますね。瓜生岩子です。しかも、略歴の見出しを見て、びっくりしました。「社会福祉の礎を築いた日本のナイチンゲール」とあります。要するに、「日本のナイチンゲール」と言えば、福島県では、これまでは瓜生岩子が「定番」でした。山本八重子じゃありません。
と言うことは——ＮＨＫ的に言えば、瓜生は大河ドラマ・ヒロイン、八重の強敵です。

どちらが「日本のナイチンゲール」か

八重が地元でも知られていないことを示す事例がもうひとつあります。ネット資料です。県内小中学生の学習用に作られた「うつくしま電子事典」（人物編）というサイトがあります。ためしに会津若松市出身者を検索すると、十一人の名が出てきます。女性は三人です。大山捨松、海老名リン、若松賤子です。

ここにも八重の名は見当たりません。ただし、八重の兄、山本覚馬は、ちゃんと収録されています（その余波でしょうか、明治学院総理〔今の学院長〕・井深梶之助は落選しています）。

八重にとって有利な点があるとすれば、日本赤十字社篤志看護婦人会長・横山須磨子の証言です。こうあります。

「〔八重〕刀自の如きは、真にナイチンゲール嬢の主義を汲み、婦人にして報国の大義を果し、範を後進に示したるものと謂ふべし」（『追悼集』五、七八頁、同志社社史資料室、一九九一年）。

「娘子隊の花」

「日本のナイチンゲール」にしろ、「幕末のジャンヌ・ダルク」にしろ、強力なライバル、というか「先客」が、彼女の前に立ちはだかっています。中野母子（孝子・竹子）です。この母子は、戊辰戦争で鶴ケ城に籠城した「娘子隊」のメンバーです。

しかも、孝子は単なる一員ではなく、薙刀の名手にして隊長なんです。しかも娘の竹子は、どの記録や報道でも、才色兼備とあります。いわゆる文武両道です。ですから、文字通り「娘子隊の花」です。

一方の八重も、「娘子隊の花」とよく間違われます。たとえば、「家庭の人としての新島襄先生の平生」（『婦人世界』六の一、四七頁、一九一一年一月）という雑誌記事がそうです。ですが、実は花どころか、そもそも娘子隊のメンバーでもありません。

ふたりのジャンヌ・ダルク

戊辰戦時中、八重は、「中野ト云ふ薙刀ノ先生」（中野孝子）から、入隊を誘われます。けれども、断ってます。薙刀が出来なかったわけじゃありません。会津の武家に育った女性にとっては、薙刀は武芸の中では必須科目でした。「薙刀もひと通りは習いましたけれども、本戦の時には、とても薙刀で戦争は出来ない、と思いました」とは、八重の述懐です（本書七九頁）。

八重は、時代を見るに敏です。時代がすでに「薙刀から鉄砲へ」と移ってることを見抜いておりました。孝子は、娘子隊に入らぬ八重を、一時は「卑怯者」と見なします。だけど、薙刀で応戦した自分の娘（竹子）が、その甲斐なく、銃であっけなく戦死したことに衝撃を受け、それまでの考えを改めます。その結果、下の娘（優子）に鉄砲を教えてくれるよう、八重に頼むようになります（吉海直人翻刻・解題「新島八重子刀自回顧談」一一八頁、『同志社談叢』二〇、同志社社史資料室、二〇〇〇年三月）。

強力ライバルをも圧倒

八重は戦術では竹子に勝ちました。しかし、ジャンヌ・ダルクの異名を彼女から奪い取るのは、大仕事です。激戦です。勝利は、そう簡単じゃありません。大河ドラマ的に言えば、八重にとって戊辰戦争の敵は、「西軍」だけじゃありません。

身内の女性の中にも、強力なライバルが複数いました。つまり、戦場以外でも、立派なライバルがいたのです（本書一〇二頁以下を参照）。激戦です。ですが、八重なら大丈夫でしょう。男勝りの体力と気力の持ち主ですから。いわば、肉食系ですから、草食系の女性相手にかんたんには負けません。ここが「日本の元気印」たるゆえんです。

藤本ひとみさんの小説『幕末銃姫伝―京の風、会津の花』（中央公論新社、二〇一〇年）の冒頭で、ヒロインの八重は（まだ十二歳なのに）こうつぶやきます（七頁）。

「私はどうして女に生まれてきたのでしょう」。

（同志社女子大学同窓会岐阜県・愛知県支部総会、ANAクラウンホテルプラザ・グランコート名古屋・花梨、二〇一一年一〇月二七日）

実相寺（東京都港区三田４丁目）と泉岳寺

東京の三田に実相寺という小さな寺院（浄土宗）がある。新島夫妻はここを一度だけ、訪ねている。1888年６月27日のことである。「八重ト共ニ泉岳寺ニ往キ、赤穂義士ノ墓ヲ弔フ。実相寺ニ立寄ル」と新島は「漫遊記」に記す（『新島襄全集』５、345頁、同朋舎出版、1984年。以下、⑤三四五）。

ついでに立ち寄った、という唐突な印象を受ける。何が目的か。調べてみると、同寺は、旧会津藩の江戸菩提寺のひとつであることが、判明した。ならば、八重が襄をここへ誘ったに相違ない。彼女にとっては、ここは東京にある数少ない会津ゆかりの「聖地」だったかも知れない。

ＮＹから世界へ
――世界を駆けめぐる八重情報――

ＮＹからの発信

八重の情報が、世界を駆けめぐりました。八重にとっては、初体験です。

スイスのジュネーヴに本拠を置くＥＮＩ（Ecumenical News International）という通信社（Daily News Service）が、昨年（二〇一一年）の夏（七月二十七日）、ニューヨークから発信した英文ニュースが、それです。

同社は、プロテスタント、カトリックを問わず、「超教派（エキュメニカル）」的なキリスト教のネットワークで、規模としては世界最大です。それだけに、読者の数は億単位に上るもの、と推定できます。

関係者にすれば、取材を受けてここに取り上げてもらうことが、この業界では、まず一大事です。

現に、後日、八重のニュースを読んだある人から、「先生、おめでとう」とさえ、言われました。ほかにも、「世界デビューですね」とも、オダテあげられました。

反響の大きさにびっくりです。もちろん、デビューしたのは八重であって、私じゃありません。私はあくまでも黒衣（くろご）です。

取材

この記事の作成のため、私は昨年の七月十五日に、同志社東京オフィスで行本尚史（ひさし）氏（日本在住ＥＮＩ英文記者）から取材を受けました。七月と言えば、ＮＨＫが大河ドラマ、「八重の桜」を公式発表してから、わずか三週間後です。

これは、新島八重に関して、私が受けたインタビューとしては、二番目の早さです。一番目は、七月六日の白虎隊記念館（会津若松市）の関係者（笠井尚（たかし）氏）でした。やはり、同じ事務室です。

白虎隊記念館からの取材は、すでに年末に八重に関する小冊子として出版されました。大河ドラマがらみの八重の本としては、最速かと思います。ここに持ってきたこれ、『新島八重と夫、襄』（思文閣出版、二〇一一年一二月二八日）です。

八重の信仰

これらふたつの取材に共通するのは、「八重の信仰について聞きたい」という狙いです。これは、はっきり言って、実に答えにくい質問です。なにしろ、まともな資料など、皆無ですから。ですが、誰かが答えなくちゃいけません。

私は、現在、中間報告しかできません。八重とキリスト教をめぐる問題に対するもう少し煮詰めた答えは、本書の続編（別巻二）に出そうと考えています。

七月十五日のインタビューに戻ります。取材後、行本氏が英文で原稿を作成し、それをニューヨークの編集者が手を入れて、記事に仕立てました。ただし、出来上ったものは、あくまでも行元氏の署名原稿です。

ここでは、それを日本語訳（私訳）しておきます。業界以外では、あまり目に止まらない文章ですから、全文を紹介します。〔　〕の中の注は、私が入れました。訳文の後に、君たち大学生や英文読者のために、原文（英文）も転載しておきます。

テレビに出る日本プロテスタントのパイオニア〔日本語私訳〕

（東京発、七月二十七日、ＥＮＩニュース）

新島八重の生涯が、二〇一三年に日本のテレビ〔ＮＨＫ〕番組で〔一年間〕連続して取り上げられることになった。彼女は、同志社大学〔の前身校の創立者、〕ジョゼフ・ハーディー・ニイシマ〔日本名は新島襄〕の妻であり、日本における最初の女性信徒の一人である。〔日清・日露の〕戦争時に〔篤志〕看護師として働いたことで、叙勲もされた。

同志社大学神学部で近代日本キリスト教史を講じる本井康博教授によれば、「世界の人が八重から学べることが、あります。それは、現在の私たちができないことを、彼女はなし遂げたという点です」という。本井教授は、初期の同志社大学の歴史、ならびにニイシマの生涯と思想についての専門家であり、八重の生涯を「勇敢なパイオニア物語」として捉えている。

ＮＨＫは八重の物語を〔大河ドラマとして二〇一三年一月から十二月まで〕放映することを六月

〔二十二日〕に公表した。これは、三月十一日の〔東日本大〕震災で、とりわけ大災害を蒙った福島〔会津〕で彼女が生まれた、という事実に触発された結果である。

けれども、番組では、彼女の人生の宗教的な側面は、あまり描かれないのでは、と思われる。本井教授は、「彼女の信仰に関しては、とにかく材料が少ないこともあって、誰もが納得する定説がありません。新島襄から聖書の指導を受ける前に、まず兄の山本覚馬（かくま）からキリスト教の感化を受けていたと思われます」と見る。

八重は、会津（現福島県）で、砲術師範を務める武士の家庭に生まれ、育った。彼女は、一年間〔一か月間、鶴ケ城に籠城して〕従軍したが、それは、戊辰戦争（一八六八年～一八六九年）として知られる、政府に反抗した市民戦争の一部〔福島では会津戦争〕である。

〔敗戦〕後に、彼女は〔京都府顧問となった〕兄が京都に建てた女学校〔女紅場（にょこうば）〕の教師となった。兄は、〔阪神地方にいたアメリカン・ボード宣教師たちの感化で、キリスト教の理解者となっていたので、〕彼女にキリスト教と英語を学ぶように奨励した。教師役は〔宣教師に続いて、留学帰りの〕ニイシマであった。彼は、アメリカで八年間、一般科学と神学を学ぶうちに信徒〔、ついで牧師〕になっていた。

〔一八七五年春の出会いから〕六か月後〔の十月十五日〕に、彼女はニイシマと婚約した。〔キリスト教を嫌っていた〕京都府知事〔槇村正直〕は、〔信徒と婚約したことを理由に〕彼女を解職した。覚馬も〔その後〕知事顧問のポストを解任された。

「当時の京都は、信徒にとっては最悪、最暗黒の地域でした。それだけに八重が女性として、教師をクビにされてまでも信仰を守ったことは、すばらしいことですね」と本井教授は語る。

一八七六年一月〔二日〕に〔京都で初のプロテスタントの〕洗礼を受けた翌日〔一月三日〕、八重はニイシマと結婚した。京都における最初のプロテスタントの結婚式である。

八重は、〔同志社〕校長である夫を助けて、同志社〔女学校〕でキリスト教主義に基づく教育を行なった。同時に〔新島が自宅に開いた〕京都で最初のプロテスタントの教会〔現同志社教会〕でも、〔初代〕牧師であった夫を助けて働いた。

ニイシマが一八九〇年に死去した後は、日清戦争（一八九四年～一八九五年）、ならびに日露戦争（一九〇四年～一九〇五年）で、ボランティアの看護師〔篤志看護師〕として〔広島と大阪で〕奉仕活動をした。日本人兵士〔傷病兵〕のために看護師として働いたことが認められて、叙勲された。日本の皇族以外で、政府から勲章〔宝冠章〕を受けた初の女性〔の一人〕である。

（行本尚史）。

原文（英語）による記事

英文による八重情報は極めて少ないので、以下の記事は、それだけでも貴重です。英語読者のために、全文を引いておきます（ENIによる転載許諾済み）。

27 July 2011

Pioneering Japanese Protestant to be portrayed in TV series

ENI-11-0392

By Hisashi Yukimoto

Tokyo, 27 July (ENInews) Yae Neesima, the wife of Doshisha University founder Joseph Hardy Neesima and one of the first Protestant women in Japan, as well as decorated war nurse, will be portrayed in a forthcoming television series to air in Japan in 2013.

"What the world's people can learn from Yae would be that she did what they cannot do today," said Yasuhiro Motoi, professor of the history of Christianity in modern Japan at Doshisha University's School of Theology in Kyoto.

Motoi, who is an expert on both the early history of the university and the life and thought of Joseph Neesima, has described her life as the "brave story of a pioneer."

In June, NHK (Japan Broadcasting Corporation), announced plans to televise Yae Neesima's story, inspired by the fact she was born in Fukushima, an area of Japan particularly hard-hit after the March 11 earthquake.

However, the series will not emphasize the religious dimensions of her life. "There is no generally accepted opinion about her faith, which is not documented," said Motoi. "But in my view, she experienced Christianity first through the influence by her older brother, Kakuma Yamamoto, before Joseph Neesima."

Born and raised in a family of a samurai gunnery teacher in Aizu in today's Fukushima, Yae fought in the 1868-69 anti-government civil war, known as the Boshin War, for one year.

Afterwards, she became a teacher at a girls' school established by her brother in Kyoto. He encouraged her to study Christianity and English with Joseph Neesima, who had become a Christian after studying science and theology during an eight-year stay in the United States.

Six months later, she and Joseph were engaged. Authorities forced her to leave the school and dismissed Yamamoto from his position as the governor's advisor.

"In those days, Kyoto was the worst and darkest place for Christians," Motoi said. "It is admirable as a woman that Yae had faith even at the cost of her teaching job."

One day after her baptism in January 1876, Yae and Joseph were married in Kyoto's first Protestant wedding.

Yae helped Joseph by teaching women Christian principles at Doshisha, where he was headmaster, and by assisting him in his role as pastor at Kyoto's first Protestant church.

After Joseph's death in 1890, she served as a volunteer nurse during the First Sino-Japanese War, from 1894-95, and during the Russo-Japanese War, from 1904-05. She was the first woman outside the Japanese imperial family to be decorated by the government for her contributions as a nurse for Japanese soldiers.

ENI News Headlines and Featured Articles are now available by RSS feed.
See http://www.eni.ch/rss/

Ecumenical News International
PO Box 2100
CH - 1211 Geneva 2
Switzerland

（「キリスト教史」九、同志社大学至誠館、二〇一二年一月一〇日）

「只（ただ）心に残る所は妻の一事なり」

土倉庄三郎宛の新島襄書簡（一八八八年五月十一日付。傍点は原文）に見える（『新島襄全集』第三巻五六九頁、同朋舎、一九八七年。以下、③五六九）。東京で最高の名医（陸軍軍医総監の橋本綱常や帝大教授のE・von・ベルツ）の診断を仰いだ新島は、死期が遠くないことを告げられた。

後に残される妻の身を案じる新島は、とりわけ経済的な困窮を憂慮した。「乞食にはしたくない」と思った彼は、「大和の山林王」、土倉に相談をかけた。三百円を出資するので、「マッチ樹木植付之コンパネー」（共同出資者）としてもらい、もしも二十年後に利益が上がれば、その半分を八重に渡してもらえないか、という依頼である。この約束は、新島の死後、土倉家の資産が傾くまで、しばらく実行されたようである。

二〇一一年の八重さん
――「八重の桜」プレリュード――

「八重の桜」

二〇一一年を振りかえりますと、最大の衝撃的な出来事は、未曾有(みぞう)の大災害、東日本大震災・福島原発事故です。一方、こころ踊るニュースは、と言えば、これは「なでしこジャパン」の活躍で決まりでしょう。

あえて、同志社ローカルで行くと、後者(朗報)は、「なでしこ」プラス大河ドラマ「八重の桜」の発表でしょう。奇しくも、ふたつの朗報は、いずれも女性パワー満開の情報です。

そのうち、「八重の桜」(二〇一三年放映予定)に関して、今年の総括めいたものをお話しします。この大河ドラマにも、大震災の影響がくっきりと見てとれるのが、今年の特徴です。

なにしろ、大河ドラマと言えば、NHKの看板番組です。制作費は一回につき六千万円。それが一年で五十回ですから、しめて三十億円、というとてつもない金食い番組です。

それだけに、社会的な影響力もスゴイです。経済効果だけでも三百億円と言われています。それを最大限に発揮したいというのが、今回のNHKの選択です。NHKとしては、無名の会津女性、新島八重を通年ドラマのヒロインに抜擢して、なんとしても福島を元気にしたいのです。

メイン・ステージは会津

ですが、八十六年に及ぶ新島八重の生涯中、東北（会津若松と米沢）での生活は、わずかに二十数年。残りの六十余年は、もっぱら京都です。

だから、もしも後半に力点が置かれてしまうと、ドラマは同志社ヨイショ番組にもなりかねない。現に、「二〇一三年は同志社大学にとって、飛躍の年になりそう。できれば、その次は、福澤諭吉関係者にしてもらえないか」といった他大学関係者からの要請も、ネットには上っています。

もうひとつの反応パターンは、このドラマが、キリスト教偏重番組になるのでは、といった懸念です。「いっそ、モデルとなる同志社を無宗教の学校にしたらどうか」といった設定変更の提言まで出る始末です。

これらの批判をかわすためにも、ドラマの主軸はあくまでも八重の第一ステージともいうべき会津時代に置かれるでしょう。

とすると、この時期のメインは何か。少なくとも二つあります。①戊辰戦争と白虎隊、②最初の結婚（相手は川崎尚之助（しょうのすけ））です。

「幕末のジャンヌ・ダルク」

ＮＨＫは①については、八重を「幕末のジャンヌ・ダルク」として、取り上げるはずです。一方、②は資料不足のため、かなり難航するでしょう。ですが、川崎については、今年の後半に入ってから、いくつかの新事実を示す資料が見つかっています（本書六〇頁以下を参照）。

私的には、それに続く第二ステージが楽しみです。戊辰戦争の後、疎開していた米沢から京都へ転じて以後、新島と死別するまでの十九年間です。この間、八重は信徒となり、夫であり、牧師・宣教師である新島を側面から助けます。彼女の信仰が一番、輝いていた時期でもあります。

最後の第三ステージは、八十六歳で死去する迄の独居生活です。四十二年にも及びます。その間、日清・日露戦争時に篤志看護師になったことを捉えて、八重は「日本のナイチンゲール」として描かれるでしょう。非常時以外の平時は、ひたすらお茶三昧（ざんまい）の生活でした。

「ハンサム・ウーマン」

NHKは、第二ステージの八重をどうするのか。おそらく、「ハンサム・ウーマン」として押し出そうとするはずです。もともとは新島が使った言葉で、彼が理想とする女性像を示す文言です。

八重と婚約した後、新島はアメリカの知人に宛てて八重のブロマイドを送り、英文で彼女を紹介しています。二〇〇九年四月にNHKが「歴史秘話ヒストリア」で八重を取り上げたさい、そこはこう訳されていました。

「八重は顔が美しいわけではないが、その生き方がハンサムなのです。私にはそれで十分です」と。

ここから番組は、「ハンサム」をキーワードにし、タイトルでもそれを謳いました。「明治悪妻伝説初代ハンサム・ウーマン　新島八重の生涯」と。だから、大河ドラマでも、こうした八重像が、程度の差こそあれ、再生産、もしくは引き継がれるはずです。

「見た目より心」

新島がハンサムという単語を使って作った英文は、私はもちろん、ずっと以前から知っておりました。ただ、それが「見た目より心」という英語の諺を踏まえていることは、知りませんでした。新島のこの言葉に、深い意味があることにあらためて共鳴した私は、「悪妻伝説」放映一年後に出した八重の本を『ハンサムに生きる』（思文閣出版、二〇一〇年）と名づけました。

「見た目より心」――これぞ新島の女性観、人生観です。「見えないもの」に目を注ぐ。それがクリスチャンの生活の基本ですから。すぐれて宗教的な見解です。

これに対して、世間ではともすれば逆です。かつて『人は見た目が九割』という本が、ベストセラーになった国ですから。最近では、勝間和代『結局、女はキレイが勝つ』が典型です。

全会津文化祭

その勝間さんと昨年十一月に至近距離で「遭遇」しました。勤労感謝の日に、会津若松市で開かれた「全会津文化祭　会津エンジン　〇六」というイベントに招かれた際のことでした。講師が大勢でしたから、その控え室は大部屋、つまりひと部屋でした。

この催しものは、「復興」を合い言葉に、地元のNPO団体が中心となって大々的に企画したものです。講師陣の豪華なこと。辰巳琢郎、村治佳織のふたりは、参加取りやめでしたが、勝間さん以外に、林真理子、星亮一、三枝成彰、奥田瑛二、和田英樹、下村満子、白井貴子といった錚々たる名士が揃いました。総勢四十八人です。

多くはノーギャラ、手弁当です。スタッフ二百人を含めて、これぞ「ハンサム」流のやり方です。出された昼食は、スタッフ手作りのおにぎりでした。

目を引いたのは、会場の壁面に張られた垂れ幕でした。山口県民（奇しくも、戊辰戦争でのかつての敵国です）から送られたという寄せ書きです。何枚も並べてあり、総延長は五十メートルにも達しようか、という長さでした。

「冬は必ず春となる」

そこには、激励のエールが、びっしりと手書きで書かれていました。そのうち、私の胸を熱くしたのは、「冬は必ず春となる」という文言でした。「見えないもの」（文字や心）の威力、凄さを実感しました。「見えるもの」（モノ、カネなどの寄付や差し入れ）にけっして負けていません。

「必ず春となる」こそ、ＮＨＫが「八重の桜」で発信しようとするメッセージです。チーフプロデューサー（内藤愼介氏）は、タイトルの由来をこう語ります。「常に前を向いて真っすぐに生きるヒロインの姿に重ねて、〝春は来る〟、〝復興する〟という意味で〝八重の桜〟とした」。

八重を希望の星に

要するに、ＮＨＫが発信したいメッセージは、「春には必ず桜が咲く」との待望と確信です。その点、八重桜は復興のシンボルにぴったりですね。八重は希望の星です。

それを、ＮＨＫが三十億をかけて、看板番組で流してくれる、というのですから、ドラマの地元、福島が大きな期待を寄せるのも、無理ありません。復興をテーマにした全会津文化祭でも、もちろん八重講座が設置されました。地元では、八重をトータルに語れる講師が不足するのか、県外から山下智子牧師（新島学園短期大学准教授）と私が、呼ばれました。

八重が持つあのバイタリティーと先駆性は、被災された方々だけでなく、全国民に生きる元気を与えてくれます。私的には、それだけじゃなく、「ハンサムに生きる」彼女を背後で支えた新島の祈りも、なんとか「見える形」で同時に伝わってほしい、と期待せずにはおれません。

八重の夫

ただ、客観的に見ると、同志社にとっては、「主客転倒」が起きかねません。大河ドラマが終わる頃には、市民や高校生の受け止め方に微妙な変化が生じるはず、と私は睨んでいます。「同志社は八重の夫が創った学校」というイメージが膨らみ、定着するでしょうね。

現に、ＮＨＫの公式発表から半年後に、『新島八重と夫、襄』（思文閣出版、二〇一一年一二月二八日）という本が出ました。八重を紹介する単行本としては、今までで一番早い作品かと思います。

この本は、前に触れた（私が受けた）最初の八重インタビューの成果です（本書三一頁参照）。白虎隊記念館（会津若松市）から誘われて、ふたり（早川廣中館長と私）の共著という形で出ました。もともとは、早川氏（元会津若松市長）が館長を務められる白虎隊記念館が企画した八重本ですから、最初から会津寄り（シフト）です。

八重が前面に

だから、同志社サイドから見ると、ややギョッとするタイトルですよね、これは。すでに主客転倒現象が、始まっています。同志社は「八重の夫」が開校した学校、となります。

こうした傾向は、強まるでしょうね。たとえば、先月（二〇一二年一月）から、『サンデー毎日』で新島夫妻を取り上げる連載（予定では二十二回）が、始まりました。題は、「八重と新島襄」なんです。八重優先です。これまた、大河ドラマ抜きには考えられないタイトルです。しかも、執筆者は、同志社大学卒業生の作家、保阪正康氏です。ネーミングとしてはこれまでは、福本武久氏の小説、『新島襄とその妻』がメジャーというか普通でした。

学内でも、八重にもっと光を、という流れになりつつあります。同志社女子大学では、昨年の秋に新島八重研究会が発足しました。学園全体で言えば、これまでは、新島（襄）研究会一本槍でした（たまたまその代表は、現在、私にお鉢が廻って来ております）。

今後の八重研究に向けて

新島襄一辺倒だった同志社大学としても、ここへ来て、学内の社史資料センターが八重の手紙（来簡も含めて）を集めて出版する準備を進めています。わが新島（襄）研究会では、これまでの怠慢を反省して、八重の資料や報道記事をまとめる作業に入っております。

同志社女子大学でも関係者が、今年中に少なくとも二冊の八重本を出されます。私も「新島襄を語る」の別巻として、八重を語る本を近く出すことを計画しています。当初は一冊の予定でしたが、書き始めてみると、出るは出るは。話しが次々と膨らんで来て、全体で二冊になりそうです（本書がその一冊目です）。

以上のことからお分かりのように、NHKの公式発表から六か月間の前哨戦だけでも、やや加熱気味です。これが今年後半ともなれば、八重本や八重研究、さらには八重グッズなどの「争奪戦」が、いよいよ本格化いたします。

狂想曲や乱打戦にもなりかねません。関係書籍の刊行以外に、企画展やシンポジウム、ツアといったイベントも全国のあちこちで開催されます。私事にしても、今月後半に、福島県で二回、話しを頼まれています。

「白虎隊」

こうした流れを暗示するかのような番組（KBS京都）が、大晦日の夜に流れました。「白虎隊」第一部「京都動乱」のテレビドラマ（日本テレビ制作）です。

二十五年前の作品（一九八七年）の再放送ですが、その時もやはり大晦日でした。前にも、もちろん見たのですが、今度は、真剣でした。見終わってから、ＤＶＤまで買い込みました。

今回、改めて観なおすと、「八重の桜」がダブって来て、前に見た印象とは違います。八重が「山本八重子」だったことも、新鮮でした。昨年四月に亡くなった田中好子さんが、好演しているので、感無量です。だからでしょうか、熱心なファンからは、「田中好子と新島八重があの世から見ているので、大河ドラマではいい加減な人選はしないで」といった注文が、ＮＨＫに寄せられたといいます。

落城の賦（ふ）

「人選（キャスティング）」と言えば、兄の山本覚馬（かくま）には、竜雷太が起用されています。これから見ても、かなり重んじられている役どころです。それに山本三郎（弟）も川崎尚之助（夫）もちゃんと出ています。三郎など、京都では京娘と恋仲になるというオイシイ設定までありました。脚本家の創作でしょう。

続きの第二部「落城の賦」放映は、元旦でした。鶴ケ城の攻防という会津戦争が舞台ですから、山本八重子と川崎尚之助の出番が、いくつもありました。

と言うわけで、年の初めに、いきなり八重の「雄姿」が見られました。持ち前のパワーが弾（はじ）けるシーンが、見ものでした。これぞ、まさに大河ドラマ一周年前に相応しい番組ですね。

（同志社幼稚園保護者会、同志社同窓会ホール、二〇一二年二月一五日）

会津出身学生たちと

同志社の発起人はふたりである。新島襄と旧会津藩士の山本覚馬である。この関係で、初期の同志社には会津関係者が少なからず入学してきた。名高いのは、藩主・松平容保の子息（若殿である）松平容大である。ご養育懸とも言うべき学生が、会津出身の兼子常五郎（後に重光）であった。彼らは、校長住宅への出入りにしても、頻繁だったと思われる。

写真（本学社史資料センター蔵）は、会津出身の学生が、山本覚馬や新島夫妻と共に撮ったもの（時期は1888年か89年）。地方出身者の集合写真は、他にはない。

前列中央が山本覚馬。中列左端が今泉真幸。最後列は左から兼子常五郎、新島襄、新島八重、松平容大。

最初の夫・川崎尚之助
——八重との離婚原因を探る——

離婚歴

「同志社は新島夫人のバツいちを隠している」。

時に学外の研究者から、こうお叱りを受けることがあります。決して隠しているわけじゃありません。その証拠に、すでに半世紀前に出た新島伝に、ちゃんと出ています。書いたのは群馬県出身の湯浅与三という牧師で、同志社神学校の卒業生です（『ハンサムに生きる』二〇頁）。

私も、現在、学内の「同志社科目」という授業で使われている教科書、『新島襄と建学精神』を数年前に執筆した際に、新島八重の離婚について明記しました。講義でもゼミでもきちんとしゃべっています。最初の夫は川崎尚之助、そして二番手が新島襄である、と（同前、二〇頁）。

山本八重子から新島八重へ

会津の人たちは、八重の離婚については、どうなんでしょうか。だいたい、会津では「山本八重子」で知られていて、「新島八重」とのつながりが、今ひとつ浸透していない気もします。

ならば、山本八重子がそのまま新島襄の妻になった、つまり八重は初婚である、という点で、暗黙の諒解が取られているのかも知れません。

一方、学内で言えば、離婚の事実をまったく知らない卒業生や現役学生にとっては、八重の離婚自体がおどろきのようです。「最初の夫」と聞いた時点で、引いてしまいます。「えっ、マジ」というわけです。

新島襄を研究テーマとする私のゼミですら、そうです。しかも新島の同郷である群馬県のキリスト教学校、したがって、同志社姉妹校（新島学園や共愛学園）から来た学生の中にも、入学してからゼミで知らされてびっくり、という学生がいます。「大発見です」と感激（？）してくれます。

川崎八重

かりに知っていたとしても、前夫の名前までちゃんと言える学生は、レアです。まして、その素性を知ってる、というのは、これはもう火星の水みたいなもんです。

それに、あまり問題にされていないんですが、なぜ記録の上で、「川崎八重」が存在しないんでしょうか。新島が結婚した相手は、山本八重であって、川崎八重じゃありません。

八重が結婚後、改姓した形跡は薄い。もしかしたら、改姓したのは、川崎の方かも、と思ったりします。つまり、そもそもは会津藩士じゃありませんから、「養子」（入り婿）の可能性はないものか。

とにかく、こういった基本的なことすら、分かっていない、というのが、八重の初婚です。

最初の夫

そういうダンナにもかかわらず、二〇一三年に放映予定の大河ドラマ、「八重の桜」では、華々しく全国デビューします。かつての「白虎隊」（TBSテレビ）でも、顔を出していました。演じたのは、田中健で、役どころは「山本八重子の恋人」でした。ですが、今度は、リキが入ってます。「二人の夫も丁寧に描きたい」との触れ込みですから。やっと、川崎尚之助が歴史の前面に出てきます。

ただ、その場合、困るのは、川崎なる人物の記録や資料が、少なすぎることです。早い話が、名前の読み方です。「しょうのすけ」か「なおのすけ」か。

元の名前が「正之助」である、と知っていれば、答えは簡単に出ます。じゃ、なぜ変えたのか。川崎（出身は今の兵庫県です）が、会津に来てみると、初代藩主の保科正之（第二代将軍・徳川秀忠の四男です）の名前に「正」が入っている。同じ「正」を使うのは、なんとも恐れ多い、というので、「尚」に変えた、といいます。藤本ひとみ『幕末銃姫伝』（三四頁、中央公論新社、二〇一〇年）では、覚馬が「改めさせ」たとなっています。いずれにせよ、「しょうのすけ」です。

保科正之と言えば、地元では大河ドラマ主役候補の筆頭、というよりオンリー・ワンでした。観光地に署名簿を置いて賛同者を今も募っています。熱烈にラブ・コールしていた保科ではなく、全く運動なんかしていなかった八重が先に「当選」――なんとも皮肉です。

川崎尚之助とは

名前以外でも、闇の中から川崎を無理やり引き出そうとすると、作りごとが紛れこみます。ありそうなことが、あったこととして、ドラマに滑りこみます。これは史的には、混乱のもとになります。たとえば、福本武久『新島襄とその妻』（新潮社、一九八三年）という小説では、川崎は次のように描かれています。

彼は、出石藩の藩医の子で、蘭学者。江戸で山本覚馬（八重の兄です）と出会って、会津の蘭学所教授に招かれ、覚馬の家に寄宿した。当時、八重は十二歳であった。その七年後に、二人は結婚した。戊辰戦争では、川崎も大砲隊を指揮して闘った。しかし、開城（落城）の前日、他藩の応援兵とともに城外に去った。川崎は、藩士に取り立てられていなかった。

その後、生き別れから五年して、八重は覚馬ともども（京都から）「浅草の鳥越の里」に川崎を訪ねる。廃屋で「こども相手の手習い師匠」をして、細々と生計をたてていた。その二年後、八重にとって二度目の結婚式を半年後に控えたある日、八重は、川崎が死去した知らせを受ける。彼女は、自分が再婚だということを裏には知らせていなかった――（一九頁、五五～五九頁）。

浅草での再会

小説では、以上のように展開しております。再会のことは、小説だけじゃなくて、時にはノン・フィクションにも紛れ込みます。鈴木由紀子『闇はわれを阻まず――山本覚馬伝』（小学館、一九九七年）

では、戊辰戦争後、八重は先夫と東京で再会したことになっています。
吉村康『心眼の人　山本覚馬』（二四八頁、恒文社、一九八六年）という小説にも、浅草での再会シーンが出てきます。確実な資料はないのですが、それを補うかのように作家の創作力は、川崎を生き生きと蘇らせます。

小説的には、会津で離別したふたりが、その後、どこかで落ち合うというシーンは、ストーリーの展開上、あったほうがいい、と言うか、必要ですね。とりわけ、離別の原因が出身藩の違い、と言われていますから、いわば不本意離婚です。

なぜ離婚したのか

その点、児島襄『大山巌』（第一巻、二七七頁、文芸春秋社、一九七七年）に出て来る八重夫妻は、いわば問題提起です。そこでは、「藩士川崎尚之助の妻」となっています。会津藩士扱いです。もしも彼が会津藩士だったとしたら、なぜ離婚したのか、という新しい疑問が生じてきます。

真下五一「麦は大地に――物語・新島襄」という小説では、「やむなくも」離婚したとあります。ここでは、「大酒飲みの夫」と断定されていますから、これが離婚要因であることを匂わすような書き方です（『都新聞』一九五四年十月二十九日）。これは、イエスが反対者から「大酒を飲む者」と批判されたことを下敷きにしているかのようです（「マタイによる福音書」十一章十九節）。

大酒飲みはともかく、これまでは、川崎が会津藩士でなかったことが、離婚の最大の要因とされてきました。ある小説では、会津藩士でないために、「八重との婚姻関係は、自然消滅していた」とさえ、断定されております（中村彰彦「残す月影」三四六頁、『小説新潮』一九九五年九月）。

事実婚

中村彰彦氏は、八重の結婚と離婚について、ユニークな見解を出されています。正式な結婚、あるいは公式のものではなく、事実婚であった、というのです。

その理由はこうです。当時、藩士の家族は藩主の許可がなければ、正式には認められなかった。松平容保（かたもり）は足掛け七年も京都守護職として京都にいたので、山本家は藩主の許可がとれなかったはず。したがって明治維新以後の夫婦関係は自然消滅していた、と見ます（中村彰彦『会津のこころ』一九九頁、二〇七頁、日新報道、二〇〇九年）。

会っていた、としたら

とは言っても、愛情も婚姻解消と同時に自然消滅した、と断定するのは、むしろ不自然です。夫婦間の愛情は離縁後も、引き続き存続している可能性（特に八重の側に）が、否定できないわけです。特に小説の場合には、です。

浅草での再会は、小説では大事なプロットです。なぜなら、この機会に覚馬は、尚之助に対して「京都に来ないか」と誘っていますから。「貴殿なら、まだまだ働きどころがある。それに八重もおる」と（『新島襄とその妻』五七頁）。

かりに兄がこのように、依然として尚之助に信頼を寄せていたとすれば、八重もまた「復縁」の可能性を考えたかも知れません。現に、『心眼の人　山本覚馬』（二四七頁）では、東京で尚之助に再会した八重にこう言わせています。

「気が変ったら、いつでも京都へ訪ねてきてください。よろしいですね。尚之助さん」。

復縁か再婚か

もしそういった事態や気持ちが、その後も続いた、としたならば、新島が目の前に現れた時点で、八重は、面倒な選択を迫られたことになります。尚之助との復縁か、それとも新島との再婚か、の二者択一に苦慮したはずです。

しかも、これは時期的にも、ありそうな話です。と言うのは、覚馬と八重が浅草で尚之助に再会したとされているその時期は、東京に出張する覚馬に八重が同行した一八七三年から翌年のこと、としか考えられません。おそらく一八七三年でしょう。

もしも一八七四年の方ならば、新島との再婚に微妙な影響を与えかねない時期です。新島と八重が初めて会うのが、一八七五年四月のことですから。

離婚を隠して再婚か

もうひとつの疑問は、離婚の事実を裏に告白したか、しないか、です。福本氏の小説では、すでに見たように八重は離婚を隠して新島と再婚した、という設定です。これも証拠となる資料はありません。私には、新島が八重の結婚歴を知らずに婚約、結婚したとは、とうてい思えません。

むしろ、八重は自分がかつて離婚したことを告白、いや言い訳にして、新島のプロポーズをいったんは断ったかもしれない、とすら推測します。前にも紹介したのですが（『ハンサムに生きる』二一頁）、八重が再婚者であることを承知して、新島は結婚に踏み切ったはずです。

ですが、この点はあまり心配する必要は、なさそうです。新島との婚約・結婚前に、現実は川崎が亡くなっているからです。

『素顔の先人たち』

最近になって、これまで紹介してきた戊辰戦争以後の尚之助の消息を広めるのに、圧倒的な力を奮った、と思われる人物に気づきました。松野良寅です。氏の見解は、『素顔の先人たち』（我妻榮記念館、一九九四年）こうまとめてあります。

京都府知事を巻き込んだある政争（本書一五八頁参照）を解決するために、山本覚馬は妹の八重を介添人として、東京に出向きます。「一カ月ほどたった〔一八七三年の〕秋の一日、会津ゆかりの者から、尚之助が浅草鳥越（とりごえ）の里に住んでいることを聞き、覚馬は八重子と二人で人力車を走らせた。

尚之助と再会した兄妹（きょうだい）は、その変わりようにいたく同情し、覚馬はしきりに京都に来るように説得したが、尚之助は、子供の手習い師匠が分相応と、かたくなに覚馬の勧めを拒んだ。

後ろ髪を引かれる思いで京都に帰った覚馬の許に、海軍省秘書官、小森沢長政から尚之助の訃報が届いたのは、それから二年後〔一八七五年〕のことだった」。

八重と尚之助

去年の秋（二〇一一年九月）、吉海（よしかい）直人教授（同志社女子大学）から一報が入りました。小説に使われている資料（出典）だけでなく、「尚之助の死亡年月が、分かりましたよ。それに、お墓の所在も」と。今春、資料紹介として、活字にもなりました（吉海直人「新島八重のブラック・ホール」五頁、『新島研究』一〇三、二〇一二年二月）。

発掘された資料によれば、死亡の時期は、一八七五年六月下旬です。東京で覚馬・八重と再会したという事実はないものの、それ以外の点では、これまで小説が依拠していた事柄は、おおむね史実であることが、判明した、とのことです。

たとえば、戊辰戦争後の尚之助の動向です。彼は、新政府により、会津藩士が追いやられた今の青森県の斗南（となみ）藩にいったん移ります。しかし、やがて失意のうちに東京に戻り、浅草・鳥越を拠点に、人力車夫をしたり、子どもに勉強を教えたりして、かろうじて生計を立てます。生活にかなり窮したことは、彼の詠んだ次の歌からも窺えます（「新島八重のブラック・ホール」五頁）。

まず、東京へ

続いて昨年の十一月に野口信一氏（元会津図書館長）により、またまた別の資料が見つかりました。①八重は戊辰戦争後、一時、米沢に疎開していた（「各府県出稼戸籍簿」）。②八重の身分は、「川崎尚之助妻」のままである（同前）。③川崎は、会津藩士になっていた（「御近習分限帳」）。④川崎は東京に送られた、というのです（『福島民友』二〇一一年一一月二五日）。

いずれも重要な事実です。とりわけ、いま問題にしている結婚に関しては、③が重要です。新たに離婚理由を探らねばなりませんから。それに川崎が東京に住んだのは、自分の意思で戻った、というよりも、行かされたことになります。

一方、八重が、京都に転じる前に、山形県（米沢）に疎開していた、というのも、凄い事実です。これは、べっと、取り上げます（本書別巻二参照）。④も重要です。会津からいったんは、東京に送られ、謹慎生活を送ったのでしょう。とすれば、斗南送りは、その後のことになります。

そして、失意のうちに再度、東京に戻り、浅草に住んだ、というのでしょう。

斗南藩で訴訟沙汰

九月、十一月に続いて、十二月に入ってからも、尚之助に関する新発見が続きました。「あさくらゆう」という歴史研究者が、北海道立文書館にある司法省の往復書簡や開拓使公文録などを調べた結果、見つかったという記録です。『日本経済新聞』（二〇一一年一二月三〇日）などで全国的に報道されました。これまた、びっくりするような内容です。この分で行くと、いずれ川崎伝が一冊書けるだろうと思います。

それはともかく、先の報道によると、尚之助の身分は会津藩士で、一八七〇年十月に斗南（となみ）藩に移住しています。前後の動向を整理すると、一八六八年の会津戦争敗戦直後、いったんは東京に送られて謹慎したものの、その後、下北半島に移住を命じられたのでしょう。

斗南藩での生活で注目すべきは、米の取引をめぐって訴えられていることです。原因は、尚之助の義憤です。移住地でのあまりの生活程度の低さと困窮度に、彼は藩の人たちの飢えを防ぐために立ち上がりました。米を調達するために、仲間と共に外国人商人と契約を結びます。公文書には、「飢餓を傍観して、黙っておれなかった」とあります。

東京で裁判

この間に手違いが生じたのか、契約相手側と訴訟沙汰になります。そのため、尚之助は、信頼していた仲間には逃げられる始末です。彼は、「藩は無関係」とばかり、責任を一身に負います。だけど、相手が外国人であるうえに、契約規模が大きかったので、裁判は東京で行なわれました。

そのために、尚之助は一八七二年八月に東京に戻ります。斗南藩での生活は、ほぼ二年でした。荒地での生活は、さぞかし辛かったでしょうね。

東京では、身元引受人の許に身を寄せます。しかし、立ち退きに遭ったり、引受人が三度も交代するなど、不遇が続いたといいます。裁判のさなか、慢性肺炎にかかり、東京の病院で死去いたしました。一八七五年三月二十日のことでした。入院生活（医学校病院）は四十四日間、続いたといいます。

八重が新島と出会う一か月前のことです。こうなれば、離婚ではなく、死別です。

尚之助の永眠は、これまで同年六月下旬、との説が有力でした。今回発掘された記録の方が正確ならば、死期は三か月、繰り上がります。いずれにせよ、享年は三十九（数え）です。

以上の「新事実」は、実は小川渉『会津藩教育史』（五六一頁、井田書店、一九四一年）が、早くに指摘していたことと、ほぼ符合いたします。

川崎尚齊（尚之助のこと）は「斗南に移るに及て為すことあらんと欲し、外人に謀りしが、其事遂に敗れて、却って累を来せしが、事解け、明治六年〔実は八年〕、東京に於て死せり。〔中略〕墓は、東京今戸町の某寺にありき」。

尚之助が埋葬された寺

埋葬は、浅草区今戸町の称福寺（本書口絵⑩、⑪参照）でした。実子がいなかったので、再婚した形跡は、どうやらなさそうです。

私は、お墓情報をもとに、去年の十月、お墓探しに浅草に出かけました。寺は、遠くスカイツリーを臨む地にありました。墓場自体は、狭かったのですが、それでも、墓を一つひとつ確かめるのに、一時間はかかりました。「山本家の墓」や「川崎家の墓」はありました。いずれも、新しいもので、十九世紀のは見当たりません。尚之助の墓は、いわゆる「無縁仏」と見なされて、ある時点で整理されたんでしょうね。ここからも彼の墓の面倒を見る人がいなかったことが、窺えます。

それじゃ、尚之助はどうして、故郷の但馬出石に帰らなかったんでしょうか。普通なら墓もそこに設けられるはずです。なぜ浅草か。やはり最期まで会津藩士に殉じたのか。それが窺えるのは、彼が称福寺という会津ゆかりの寺院に埋葬された、という点からです。

葬ったのは、誰か

それにしても、「子なし。弔祭するものなし」が事実であれば（「新島八重のブラックホール」五頁）、いったい誰が、ここに葬ってくれたんでしょうね。東日本では尚之助の係累は、少ないはずです。

可能性が高いのは、米沢藩士の小森沢長政（一八四四年～一九一七年）です。彼は、かつて会津に赴いて、尚之助から砲術を習ったことがあります。その時の恩義から、浅草に移り住んだ尚之助に対して、「力を尽くして其(その)窮困を救助したり」と伝えられています（同前、五頁）。小森沢はあるいは、東京における「身元引受人」のひとりだったかも知れません。

小森沢は、会津に殉じる故人の気持ちを汲んだんでしょうね。彼は、米沢の名家の出身で、宮島誠一郎（貴族院議員）の弟です。自身、海軍書記官や海軍省司法部長になります（松野良寅「米沢藩版籍

奉還前後の上京者たち」、『英学史研究』第二〇号、三五頁、注十三、一九八七年十月)。

尚之助はいつ亡くなったのか

尚之助の永眠に関して、あらためて注目したいのは、その時期です。(新説の)三月ならば、新島が山本覚馬(かくま)(や山本八重子)と出会う前月です。(旧説の)六月ならば、まさに新島が山本覚馬邸に寄宿していた時です。覚馬の支援を受けて、ちょうど私塾(同志社)の開設に取り組んでいた最中(さなか)です。八重が新島と知り合って二か月目、婚約まであと四か月という時機にあたります。

尚之助の死が三月とすれば、八重の心中でも、「尚之助から襄へ」の移行は、順調であった、と思われます。おまけに、八重が永眠の知らせを前もって、とりわけ十月に婚約する前に受けていたとしたら、再婚の件は、精神的に比較的スムーズに運んだでしょうね。新島にしても、大きな障壁を実にタイムリーにクリアできたことになります。

わだかまり

問題は、八重が先夫永眠の事実をほぼリアルタイムでつかんでいたか、です。肯定的なのは、『新島襄とその妻』(五八頁)です。先に挙げた小森沢長政が、わざわざ八重に知らせてくれた、というのです。小説としては、おいしい事実でしょうね。ただし、仮に事実としても、時期的には新島と再婚した後の可能性も残ります。

逆に、先夫の永眠を知らずに八重が再婚したとしたら、どうなのか。八重の心中には、何がしかの蟠りが、残りかねないところでした。ただ、尚之助の墓の所在は知らされていなかったのか、八重自身が墓参りした形跡は、ありません。

それにしても、です。二度の結婚とも、八重の場合、兄の覚馬が先に相手を見染めています。覚馬が、将来の義弟（尚之助、新島）をそれぞれ一時、自宅に引き取って面倒を見た点も共通します。そのうえ、尚之助は蘭学者、そして新島は英学者です。ふたりとも覚馬好みの洋学者です。

これは、なんとも奇遇です。覚馬は、二度にわたって、妹の仲人役を影で演じてみせました。

史実か創作か

最後に。尚之助の消息が、まだまだ不透明なために、ドラマではかなりの創作が混じってくることが、予想されます。これは、程度の差こそあれ、八重や襄に関しても言えることです。

すなわち、「八重の桜」はあくまでもドラマである、という基本線だけは、あらかじめ押さえておくべきです。そうでないと、裏切られたとか、騙された、という反応が出かねません。フィクションであり、創作であって、歴史や伝記、ノンフィクションじゃありません。

早い話が、龍馬伝です。近藤勇と土方歳三が龍馬と黒船を見に行く、というシーンがありました。史的には、ありえない荒唐無稽な話しです。ですが、ＮＨＫの基本的立場は、あれは「歴史ドラマであり、歴史ドキュメンタリーではない」という所にあります。脚本家の仕事の本領は、たとえフィクションであっても、それをいかに本当らしく見せるか、というところにあります。

時代考証の重み

反対にあまりにリアルにやりすぎるのも、ドラマ的には問題です。たとえば、今年一月に始まったばかりの大河ドラマ、「平清盛」を見た兵庫県の井戸敏三知事からさっそく出た批判です。「画面が薄暗い、汚い」というのです。これじゃ、神戸や兵庫県のイメージが損なわれる、との懸念です。

知事の次のようなコメントも、同時に報道されました。「時代考証は史実に忠実にする、との方針は聞いているが、時代考証を学ぶために見るのではない」。

たしかに、時代考証は無視できません。当事者は、最善の努力をするものの、しかし、基本はドラマなんです。あくまでもフィクションです。ここのところを勘違いすると、思わぬしっぺ返しが来ます。失望します。

自戒をこめて言います。とりわけ私たち卒業生は、学校のイメージや自分の思惑にこだわりすぎて、ドラマ上の八重や襄の「取り扱い方」にクレームをつけたくなる時が、あるかもしれません。脚本家（山本むつみさん）としては、さぞかしそうした外野の声が気になるでしょうね。

視聴者たる私たちには、ゆったりと大河「ドラマ」という「創作劇」を楽しむゆとりが欲しいですね。

（楽洛キャンパス「八重を語る」、同志社大学至誠館、二〇一二年三月九日）

「戦いは面白い」
——八重の戦争武勇談（一）——

十八番

なぜか会津では山本八重子。京都では（新島）八重です。

幕末に会津に生れた八重の十八番は、戊辰戦争でした。何歳になろうとも、鶴ケ城に籠城して戦った時の戦体験談が、得意ネタでした。会津の方なら、山本八重子の武勇伝は、すでに何度も聞かれたことでしょうね。

八重は、会津で西軍を相手に、銃撃戦を繰り広げました。一生を通しての最大事件でした。自身の体験に基づくだけに、話は実に生々しい。

死線を越えての大災難、と言うだけじゃなくて、彼女のその後の人生は、大多数の会津人と同様に、「賊軍」の汚名を晴らすためのものでもありました。それだけに、戦争体験は、無事に生き延びた八重の心中では、生涯にわたって何度も何度も反芻されました。他人にも語り告げられました。

八重は、敗戦後に京都に移って「新島八重」となった後も、戊辰戦争を引きずり続けます。「戦争上がりのお転婆娘」を自称します（『ハンサムに生きる』八六頁以下を参照）。この立ち位置は、八重という人物を理解するのに、外せない視点です。

戊辰戦争

戊辰戦争は、一方で薩長土肥主体の新政府軍（西軍）と、他方で東北列藩同盟を主軸とする旧幕府軍（東軍）とが、明治維新（一八六八年）を挟んで、新生日本の主導権をめぐって死闘を繰り返した一連の激戦です。日本史上、最大の国内戦です。

京都の鳥羽伏見の戦いに始まり、上野での戦闘、北越戦争、会津戦争と続き、最後に函館戦争（一八六九年）で決着がつきました。西軍の圧勝です。

戊辰戦争のなかで、もっとも死闘を繰り広げたのが、会津戦争です。白虎隊を始め、いくつもの悲劇を生んだ点で、その後、小説や映画、ドラマに数多く取り上げられました。「敗者」の中でも、薩長から目の敵にされた分、その後のてんまつも一番、悲惨でした。

七連発の元込銃

八重は、鶴ケ城に籠城して、男性並みの働きをしました。当時、女性の武器としては、薙刀が一般的でした。それが八重ときたら、銃と大砲、そうなんです、飛び道具です。だから、戦力は天地の差があります。

さらに男性の武器と比較しても、八重の銃の性能は、桁違いです。彼女が言うように「七発の元込の銃」でしたから（本書七六頁）。これは当時としては最新兵器ともいうべきアメリカ製スペンサー銃です。一八六〇年にアメリカで開発され、南北戦争で使用された銃です。七連発のうえ、その命中度は飛躍的に高かったと言われています。

一方、会津藩の装備は、いまだゲベール銃が一般的でしたから、ほとんどの藩士は、先込め式の銃です。一発ずつ銃口に弾を入れて、長い棒で詰め込むという撃ちかたです。

スペンサー銃

にもかかわらず、八重はスペンサー銃を入手、所持できたのです。おそらく、砲術師範の兄経由でしょう。会津戦争と言わず、日本の戦争で、これを操って戦った女性は、八重以外にはいなかったのではないでしょうか。少なくともパイオニアであることは、確実でしょう。

藩自体がまだ採用していない時点で、最新兵器を手にする、あるいは、籠城する時に、これを肩に担いで城に入る、こうしたことは、個人的な判断からでしょう。八重の軍功が高い、と言われる要因は、彼女のスキルだけじゃなくて、銃の性能にもあります。

籠城する時の覚悟は、「君に忠」という教えを報じて、松平家のお殿様（藩主）に生命を賭(と)して仕えるためでした。すべてはお殿さまのために、というのが忠臣・八重の精神でした。この東山温泉のすぐ近くに、「松平家御廟(ごびょう)」がありますが、八重は会津に来るたびに、きっとあそこに詣でたはずですよ。

これまでの八重の資料

その八重が、大河ドラマ（二〇一三年）に出ます。「八重の桜」でNHKが、会津戦争を主題にします。ヒロインは山本八重子、のちの新島八重です。

ドラマ作りに横たわる最大の障害は、八重の資料が決して多くはないことです。とりわけ、本人が書き残したものは、限られています。それを補ってくれるのが、談話やインタビュー記事です。

三十年ほど前に八重の小説を書かれた福永武久氏は、八重の資料について、こう嘆かれました。「会津、そして京都と行き来したが、八重についての記録や資料は、きわめて少なかった」と（福永武久『新島襄とその妻』二五六頁、新潮社、一九八三年）。

状況は、三十年を経た現在でも、基本的には変っていません。「八重の桜」の脚本家、山本むつみさんも、現在、戊辰戦争の資料と「格闘中」でしょうね。ですが、資料は膨大だけれど、知りたい資料はない、と聞いています。とりわけ少女時代の八重や最初の夫の資料のことでしょう。

それでも、少しずつではありますが、改善されつつあります。これまでの資料、たとえば八重の懐古談にしても、あちこちの雑誌に、バラバラに掲載されていたのを、利用しやすくするために集成する、という作業が、いま進められています。それが出来れば、調査が楽になります（山梨淳（あつし）「新島八重の雑誌記事集成」、『新島研究』一〇三、二〇一二年二月、がそれです）。

八重資料の発掘

その中には、新たに発掘された資料も混じります。たとえば、短文ですが、「生一本なラーネットさん」が好例です（同前、三五頁以下）。

「大物」としては、十三年前、吉海直人教授（同志社女子大学）が、すごい資料を発掘されました。『故新島八重子刀自述　新島八重子刀自回顧談』（謄写版、京都・吉井昭文堂印刷）です。これは、八重が、亡くなる直前（文字通り、寸前です）の口述を速記で記録したもので、もともとは、京都附近配属将校研究会が資料として刊行したものです。

「序」によると、あと一、二回で終わるはずのところ、八重が「突然逝去」したので、インタビューは中断された、とあります。「白鳥の歌」みたいに、ほんとに生涯の最終ステージ、最後の最後に残した懐古談です。

八重の戦争回想録

この回顧録は、八重が最晩年に語った点で、「遺言」とは言えないまでも、実に貴重です。構成は、二部に分かれます。まず、（一）で兄の山本覚馬の交遊について簡単に触れた後、（二）では、例によって会津戦争について、大変に詳しく語っております。つまり、中身の大半は会津戦争です。

ここでは、（二）の内容を先に紹介します。幸い、吉海教授は全文を学内誌に翻刻されていますから、それを引用いたします。吉海直人翻刻・解題「新島八重子刀自回顧談」（『同志社談叢』二〇、同志社社史資料室、二〇〇〇年三月）です。〔序〕と〔一〕は、本書一六一頁以下に掲載しておきますので、そちらをご覧ください。

八重の語りには、重複や無駄な言葉が散見されます。ので、ここでは話のスジをスッキリさせるために、原文の一部を省略したり、順序〔語順〕を入れ替えたりします。小見出しも新らたにつけました。ただし、内容には一切手を加えておりません。

つまり、原文に手を入れた「再構成」バージョンです。私があとから入れた注は〔　〕で包みました。原文は漢字・カタカナ交じり文ですが、カタカナはひらかなに直しました。八重の武勇談を十分に味わってください。会津の方には、とりわけ懐かしいでしょうね。以下、原文です。

『日新館童子訓』

私の〔会津〕藩では、童子訓〔『日新館童子訓』〕というものが、作られてございまして、士の家でこの本を持たない家は、ございませんでした。序文がちょっと長うございますが、空で覚えているかどうかわかりませんが、ちょっと誦じて見ましょう。序からです。〔中略〕

間違うといけませんから、このくらいにしておきます。

童子訓は、子どもを寝かせる時、子守唄のように誦しつつ、寝かせたものであります。それゆえ、子どもでも、君の恩ということは、幼い時から頭にしみ込み、けっして忘れないのでござります。

それで、私も父から娘子軍を習い、七歳の時に暗誦出来ました時は、非常に学者になったような心地が、いたしておりました。

君に忠

君に忠を尽くさなくてはならぬ、ということは、ごく小さいうちから教え込まれておりますから、皆、戦いに行ったら、自分の命を捨てて戦いをしよう、と一途（いちず）に思い込んだことでございます。「三つ子の魂、百までも」でございまして、小さい時から教え込まれた精神は、堅いものでございます。

小学校で楠正成（くすのきまさしげ）のことを始め、いろいろ教えられますけれども、尚、家で小さい子どもの時からして、君に忠を尽くす、ということを教えることが、大切だと思います。私どもは、藩という小さい国のために、そう教えられたのではありますが。

一天萬乗の君〔天皇〕に忠を尽くす、ということを、小さいうちから教え込まないことには、とてもいかんと思っております。私は、それを頻（しき）りに主張するのでございます。

怪力

〔戦争時には〕弾薬を約一里くらい〔四キロメートル〕運ぶのですが、それを運搬いたしますのが、皆、婦女子の仕事でございました。私は、非常に力がございましたので、弾薬を運搬します時など、このくらいの箱をひとつだけは、自分で肩に上げられますけれども、もうひとつ乗せてもらって、ふたつずつ運搬しましてございます。

骨でも何でも、いまだに太うございます。

私は力があったものですから、〔京都に移ってから、身体障がいの身となった〕兄〔の覚馬〕が、人力車から降りる時には、兄を肩に掛けて、お座敷に入りました。兄は、若いときは二十二貫〔八十二・五キログラム〕ほど目方がありまして、その時分では、ずいぶん重い身体でございました。

「戦いは面白い」

ただいま、お話しすることとは、会津のつまらん士族の果てでございまして、ちょうど、三十日、〔鶴ケ城に〕籠城いたしましたことでございます。

ずいぶん、戦いというものは、面白いものでございまして、犬死しては、つまりません。けれども、戦うところを見ますと、女でも強い心になるもので、もう殺されるのか、と思いながらも、ちょうど一町ほど〔約百九メートル〕先の所で戦っているのなど見ましてございますが、なかなか面白いものでございます。

私は弾が二つ、中りました。けれども、幸いにして死にませんでした。昔の兵隊帽子は、前庇が長かったのですから、帽子の前庇の所を撃たれました。〔これは、本丸から三の丸にいる老人のところへお弁当を持って行く途中のことでございました。〕それから、弾薬を運搬しておった時に、いつのまに弾があたりましたのか、袴が弾で抜き切りになっておりました。

七発の元込(もとごめ)銃を手に

〔帽子を射抜かれた状況をもう少し詳しく、お話しいたします。〕妾(わらわ)は、常に七発の元込の銃をいつでも負うておりました。まるで、弁慶の七つ道具を負うたように、腰には弾を百発、家から持って出ました。百発撃ってしまうまで、命があったらよい、と思いまして、百発まで持ってまいりましたが、どうも運搬など致しますのは、重くて仕方がございません。だから、この時は五十発ずつ持っておりました。

その元込め銃を負うて出て行きます時に、「帽子がなくては可笑しいね。私の帽子を貸してあげよう」と言って、門番をしておった人が、自分の帽子をとって、私の頭にのせてくれました。「うっかり頭を出して行くと、狙撃されるから、頭を出してはいけない」と言われた。

帽子を撃ち抜かれる

〔その時、〕堀の脇の所で、馬が死にかけて、ぴくぴくしておりました。そこを通る時、あんまり気の毒なので、「頭を出すな」と言われたことを忘れて、馬の方へ二、三歩、行きました。

〔突然、私の〕帽子が〔吹っ〕飛んで、堀の中へ落ちました。〔最初は、〕後から誰か悪戯(いたずら)に帽子を取ったのか、と思いましたが、人はおりません。人がおらないで、帽子が飛んでしまったのです。もうちょっとで、コメカミをやられるところでございました。ほんの僅かだけ、帽子の先が出ておった、そこに弾が当ったのでございます。帽子が落ちてから、喫驚致しましたことでございました。

男装して気分は三郎に

その時分はまだ、筒袖の着物でございました。戦死した弟〔三郎〕の着物でした。袖に血がついてございましたから、袖だけ切って、他の切で著代えたものでございます。刀も弟のものを差して、懐剣だけは自分のを差しておりました。

私の名〔八重〕を誰も申す者がなくって、三郎（弟の名）と申しておりました。〔たとえば〕お弁当を持って行きますと、「三郎さん、どこへ行くか」と〔聞かれます〕。

出撃を熱望する

是非一度、進撃〔城外戦〕に出て見たい、と思いましたけれども、旧御主人〔藩主の松平容保〕が許しません。〔男の〕兵が皆、尽きて、女兵を出した、と〔敵に〕言われてはいけないから、「出るな」と申されました。

「けっして婦人であると見破られぬようにいたしますから」と言いましたけれども、とうとう〔城外に〕出されませんでした。〔それでも、〕夜分でございますと、分からないものですから、時々、出てみましただけでございます。

城中の者は、時に親族の者が死にましても、どういうことがあっても、涙を流したことは、ありませんでした。

子ども隊

入城した翌日か翌々日〔八月二十四日か二十五日〕の朝、「進撃」に行こうと思って出てみると、子どもが十二、三人おりました。中には近所の子どもも混ざっておりました。私が鉄砲を担(かつ)いで行くと、「向こうから来るのは、八重さんじゃないか」、「八重さん、どこへ行くか」と聞かれました。

「これから、進撃に行くのだ」と答えると、子どもたちは、皆な声をそろえて、「八重さんが女で進撃に行くなら、八重さんを大将にして、僕らもついて行こうじゃないか」と言いました。

その時の子どもは、実に可愛らしい姿をしておりました。笠を被りまして、大小〔の刀を二本〕さして、そして槍を皆、貰いまして、短い槍をついて、そこに居(お)ったのでございます。

子どもたちは、「私共を連れて戦いに行ってください」と言いながら、追っかけて参りましたが、その時の格好は、とうてい活発に活動できるようなものではありません。

その時は、「ああ、こんな十二、三の子どもが、戦いに出よう、という心は、勇ましいことだ」と思い、不知不識(しらずしらず)の間に、涙が出ました。

「これから皆を連れ出せるようお願いをしてくるから、それまで待っておいで」と言ったら、子どもたちは、「そんなら、知らせてください。戦いに出たいから」と言いました。

その時の子どもたちの様子は、今でも思い出すと、涙が出ます。

砲術が好き

私が、砲術が好きでございましたのは、家が砲術の師範でございましたから、見慣れ、聞き慣れて、門前の小僧習わぬ経（きょう）を読む、という通りで、大砲の方は習わなくても存じておったのでございます。

薙刀（なぎなた）もひと通りは習いましたけれども、本戦の時には、とても薙刀で戦争は出来ない、と思いましたから、薙刀の組〔娘子隊〕が出来ました時、私にも組に入れ、と奨（すす）められました。けれども、私はそれに入りませんで、砲術の方の組に入りました。あの本にもございます。ぜひ、薙刀で防ごうとしました。女が五人して官軍の中に切り込みまして、ございます。

薙刀と鉄砲

彼女〔中野竹子の母、孝子（こうこ）〕は、娘〔の竹子〕が撃たれてしまって、残念ながら、薙刀ではいかない、ということを覚（さと）りました。彼女の組の十六になる妹〔の優子〕が、姉の首を薙刀で切って戻りました。それから城に入れるということを聞いて、城に入ってまいりました。

その時に、中野〔孝子〕という薙刀の先生でございましたが、あなたがどうして私共の組〔娘子隊〕にお入りにならないか、と思って、卑怯者のように思いましたが、どうしても鉄砲の中では、薙刀ではいけません、自分の娘が討ち死にしてから、ようやっと覚りました。これからお城の中に何十日いるか、知りませんけれども、私の娘〔優子〕に鉄砲を教えてくれ、と言われましたので、中野の娘に教えました。

今、永らえておりますが、水島〔粂(くめ)か〕という所に嫁に行っております。その人に城の中で、鉄砲を狙いの仕方から教えたことが、ございます。

なかなか城に入りますまでの苦心談は、随分ございますが、おいおいお話しいたします〔結局、急死のために、八重がこの続きを語ることは、なかった〕。

籠城戦

〔籠城したのは、私が〕数えで二十四歳〔満二十三歳〕の時でした。八月二十三日に城へ入りました。ちょうど三十日〔の間〕、籠城しました。三十日間、玄米のご飯ばかり食べておりました。このくらいの〔お〕結びをひとつずつ、貰いました。そのお結びの中に、梅が入っておりました。藁(わら)で包んであるの〔お結び〕なぞ、頂いたことがありますが、病気もしないで、三十日間、働きましてござります。

三十日、城の中におりますと、ずいぶん長うございます。三十日の間、草鞋(わらじ)を取ったことはなく、履(は)き詰めにしておりました。ひとつお目にかけましょうか。

麻で作りますと、釘(くぎ)がここへ通りません。もし、ひとつ切れたら、もうひとつ履くつもりで、腰にこれをつけておきます。（彼女は、そのひとつを出されて）この草鞋でございます。〔麻製で精巧、丈夫なることは、驚くべき〕。皆、子どもが来て、履いてみたりして、汚しておりますが、これと同じ草鞋を履いておりました。

西軍の総攻撃

九月十四日の朝、官軍〔西軍〕から〔大砲で〕総攻撃を受けました。大砲で撃たれましたのは、朝の六時から晩の六時までに、千二百八つの大砲の弾丸が〔城内に〕入りました。

弾が飛んで来ると、〔月見櫓にいた老人が〕墨〔で数字〕をつけたのでございます。その弾数を調べますと、千二百八発、〔城内に〕入っていました。四方から大砲〔の弾〕が千二百八つも入りますと、ずいぶん、猛烈でありまして、城の中がみんな暗くなりました。

なにぶんにも、二百何十年も経ちました城でございますから、埃が天井の間に約五寸〔十数センチ〕も貯まっております。大砲を撃たれますと、顔から何から真っ黒になってしまいます。

その時にどういう具合でございましたか、雀がたくさん、櫓の所から飛んでまいりまして、天主〔天主閣〕の屋根へいっぱい止まりました。

〔櫓と言えば〕城の東の方に、月見櫓がございます。その月見櫓の戸を皆、締めております。官軍の方から〔見ると〕、その櫓が前に出ておりますので、こっちの天主の方を撃ちます。〔それで〕櫓には弾が一発もあたりません。そこには、老人が入っており、〔さきほど言いましたように〕撃たれた弾に墨をつけたのでございます。

「戦いは面白い」

会津藩主の歌

その時、主人〔藩主〕は、なかなか落ち着いた方でございましたから、弾のドンドン来る時に、歌を詠まれました。

またも世にさかゆる春をしろしめす
すずめちよ呼ぶ若松の城

私は、弾が静かになって、その歌を聞きました時に、この主人の為（ため）なれば、自分が命を捨てるのは、惜しいことはない、と思いました。その時、落ち着いて、歌を詠むなんてことは、なかなか出来ないことでございました。

藩主に弾の説明

弾が参ると、〔藩主は〕「今の弾丸の大きさは、どのくらいあるか」と私に尋ねておられました。私がよく弾の説明も致して、主人に聞かせておりましてございます。

その時、会津藩主には、ご子息がなかったものでございますから、水戸〔斉昭（なりあき）〕公から十九番目のご子息〔余九麿（よくまろ）、のちの喜徳（のぶのり）〕を〔養子として〕貰っておかれました。それは、克麿（かつまろ）さんと申し上げるのでございました。会津にお出でになりましてから、奠さんというお名前でございました。十四〔歳〕でございましたが、この方が又、奇抜な方でございました。

落城

一番悲しかったことは、旧主人の十四になるご子息と垂れ駕籠(かご)に乗って城から出て、家来の皆の者と暇乞(いとまご)いをして行かれました〔ことでございます〕。殺されるかどうか、分かりませんが、丸腰で、中には鞘(さや)を払った短刀を二人に持たせて、もし恥辱を受けた時には、自殺をせられるつもりで出られました。

士(さむらい)が大小を差さないで出る、ということは、ございません。旧主人が丸腰で降参に出られる時は、実に断腸の思いということは、このことであろうかと思いました。

三十日間、籠城を続け、悪戦苦闘に堪え得たことは、〔先に話した〕童子訓が徹底していたためで、皆、一致協力して、働くことが出来たためでございます。つまり、家庭教育が底力を作り上げたのである、と思うのでござります。私は私の体験から、幼い間の子どもの教育、というものは、よほど大事なことと痛切に感ずる次第(しだい)でございます。

伊東悌次郎

あの白虎隊で亡くなりました中にも、私が砲術を教えた子どもがおりました。たとえば、伊東悌次郎です。私の隣に住む子ですが、歳が十六歳になっていないのに、十六歳と偽って、無理矢理、白虎隊に入って、討ち死にいたしました。

彼がまだ十四歳くらいの時でした。私が機(はた)を織っておりますと、私の傍に来て、狙いをつけようと鉄砲の練習をいたしておりました。昔の小銃は、ゲベール銃という鉄砲でございましたが、これがなかなか持てないのでございます。

「そんな風で敵なんぞ撃てるものでない」と言って、私が狙いのつけ方を教えてやったりしました。ここからこれだけで何メートル、または、何間（けん）〔約一・八メートル〕行く。これから狙わなければならない。櫓（やぐら）〔照門〕は常に寝かしておいて、それを立てまして、これからこれで何間の所を狙うのだ、と教えました。

自害

最初は、引き金を引きますと、大きな音にビックリして眼をつぶりました。空（から）の管でさえも、かなり大きな音が出ますから、驚いて目をつぶる。それでは、戦いには出られない。

「あなたのような卑怯者〔臆病者〕に、教えるのは嫌だ」と言いますと、「今度は絶対、目をつぶらない。もう一回」とせがみます。三発目には、やっと目をつぶらなくなりました。「それでは、教えてやろう」と言いました。

そういう風に教えた子が、死にました時は、実に可哀相でございました。

一昨年〔一九三〇年〕も国〔会津〕に帰った時、墓へ行きますと、自分が砲術を教えた子どもの石碑〔墓〕が、一番先に目につきました。

白虎隊

今度は、彼女が本を出して来て、示されました。これが白虎隊でございます。この方たちは、若い者でございますが、皆、死ななくてもよかったんでございますが、城が陥ちたと思って、皆、切腹してしまいました。

ちょうど飯盛山から見ますと、城は東北の方でございます。城の向こうの方に、十八倉という米倉があったのです。官軍に来られ、しかたなく米を運ばれるだけ城の中へ運びまして、十八倉は焼いてしまったのでございます。

味方の方を飯盛山から見ますと、ちょうど三ノ丸の森がございまして、これが城の方に見えますから、城が焼けてしまったと思って、皆、割腹して死んだのでございます。

話しに聞きますと、城の中へ入って行きたいと思うけれども、皆、年は十六、七の者ばかりで、誰も号令を掛けてくれる者がないので、皆、潔く死のうじゃないか、と言って、皆、死んだんでございます。

京都で和尚の指導を受ける

元気のよい方は、遭うてもちょっと感じの宜しきものではあります。本当にお国のために役にたつのは、底力でございます。〔新島襄が亡くなってから〕私も疾くから建仁寺〔管長〕の〔竹田〕黙雷老師に〔茶道を通して〕お近づきになっておりますが、「何か教えていただきたい」と申しますと、

「貴女は、耶蘇教で固まっているから、私から教えることは、何もない。ただ、遊びにおいで」と仰いますので、参っておりました（対談筆者曰く、二日、七日、五日、十日の提唱日には、彼女は必ず見えたり）。

いつも下腹に力を入れなくてはいけない、と仰いまして、老師はいろいろ教えてくださいました。

（同志社スピリット・ウィーク講演会、同志社大学至誠館、二〇一一年一一月一日）

黒谷（金戒光明寺）

洛東の黒谷（金戒光明寺）は、京都の中の会津である。1862年、ここに京都守護職の本陣が置かれ、会津藩の藩士たちが藩主（松平容保）と共に拠点を築いた。以後、「京都の会津」となる。覚馬や八重を始め、会津の山本家が京都へ転出する最大の理由は、ここにある。

正門の門柱には、「奥刕会津藩松平肥後守様　京都守護職本陣舊蹟」の看板が、かかげられている。

「奸賊どもを夜襲隊で銃撃した女は、妾一人」
――八重の戦争武勇談（二）――

八重は語る

八重と戊辰戦争（会津戦争）は、一心同体です。切り離せません。会津籠城戦で、生きるか死ぬかの銃撃戦を展開したことは、彼女には命をかけた大一番でした。人生最大の出来事でした。それだけに老年になっても繰りかえし、繰りかえし、語り続けました。

けれども、私ども京都にいる者にとっては、会津戦争は、時間的にも地理的にも遠い出来事です。なかなかピンときません。なぜ八重があれほど会津戦争にこだわったのか――

で、先の「八重の戦争武勇談（一）」（本書六八頁以下）に続けて、もうひとつ、戦争武勇談を紹介します。先のものより数年ほど前（一九二七年）の回想録です。彼女の「肉声」に耳を傾けて下さい。

八重が八十三歳の折りに、会津から京都に出向いて来た平石弁蔵という人に口述筆記させたものです。同氏が著した『会津戊辰戦争』増補版（四八三〜四九二頁、丸八商店出版部、一九二七年）に収録されています。この書は八重の旧蔵書の一冊で、扉には、八重宛てに贈呈された「平石少佐」の署名が見られます。

『会津戊辰戦争』から

この書物の記事には、八重の他の回顧談と重複する箇所があることはもちろんです。が、他の回想記事にはないものも、含まれています。だから、合わせて読むと、当時の消息が、よく伝わってきます。

そこで、全文を紹介します。籠城中も夜陰に乗じて、単身、銃を手にして城を抜け出し、「出撃」しようとする件など、読者の血を沸かせること、受け合いです。

とりわけ、ここ会津若松市でこれを再読すると、身につまされる思いになりますね。皆さまのように会津の土地感がある方々には、百四十四年前のことなのに、すぐこの前のような気分を味わわれるのじゃ、ありませんか。

原文では小見出しに当たるものが、ページ欄外にありますが、ここではゴチック活字にして、本文に組み込みました。〔　〕に入れた小見出しは、本井によるものです。

新島襄未亡人（山本八重子刀自）談

著者〔平石弁蔵〕曰く、〔八重〕刀自は、本年八十四歳〔数え〕の高齢なるが、元気の旺盛なる、実に壮者を凌ぐの概あり。刀自は、籠城中の女丈夫として、既に知らるゝのみならず、日清、日露の役、内地〔広島、大阪〕勤務の勲功により、勲六等宝冠章を拝受せらる。其他、公共事業に貢献せらるゝ処、甚大なりといふ。

著者の知友、風間久彦氏の言によれば、刀自は、松平勢津子姫の御婚儀奉祝〔本書一五〇、一五三頁参照〕のため、京都駅を発するに臨み、昵懇の人々、刀自に一等車をすゝむ。刀自曰く、白色は死を連想して不快なり。二等車をすゝむ。曰く、青色は病人の如し。溌剌たる壮者の血色の如き赤色切符〔三等車〕に限る、と。然れども、単独長途の旅行なれば、強て二等車をすゝめたりといふ。壮なり、と謂ふべし。

著者の刀自を訪ふや、欣談快語、数時に亘るも、毫も倦怠の状なく、疲労の色なし。寧ろ、至誠刻々に現はれ、肱を張り、肩を怒らし、宛然、戦場に在るが如し。且つ曰く、上京後、席暖かなる能はず。明日は、〔日本〕女子大学に出講の予定なりしと。左に刀自の談を掲ぐ。

八重子刀自、白虎隊の伊東に射撃を教ふ

刀自、徐に語って曰く、妾の兄、覚馬は、御承知の通り、砲術を専門に研究して居ましたので、妾も兄に一通り、習ひました。当時、白虎隊は、佛国式教練をやって居ましたので、射撃の方法は、よく知って居りますが、それでも時々、射撃の事で遊びに来ました隣家の〔伊東〕悌次郎は、十五才のため、白虎隊に編入されぬのを始終、残念がって居ましたが、よく熱心に毎日来ました。

そこで妾は、ゲベール銃を貸して、機を織りながら、教ましたが、最初の五、六回は、引鐵を引く毎に、雷管の音にて目を閉づるので、其都度、臆病々々と妾に叱られ、案外早く会得しました。

次に櫓（照尺）の用法や、各種姿勢の撃方などを教へ、大概出来たので、今度は下髪長ければ、

射撃の動作を妨ぐる理由を説き、之を短く断てやりましたが、特に厳格なる伊東家に無断で断髪したのは、乱暴極まるとて、痛く母に叱られました。

然し、悌次郎はあの通り、生年月の正誤を上表して白虎隊に入り、敢て人後にも落ちず、立派に飯盛山上の露と消えましたが、あの様な子供も、君〔君主〕の為を思ふて、熱心に習ひに来てあったかと思ひますと、誠に可愛想でなりません、と黙想やゝ久しうす。

八重子刀自の入城

宅は米代四ノ丁にありましたが、八月二十三日の早朝、敵が愈々侵入したので、母さく〔佐久〕と姉〔兄嫁〕うら子は、婦人は城内の手足纏でもあり、又、空しく糧食を頂くは、不忠にもなるから、他に避難しやうと申しますので、妾は反対に、決死の覚悟で入場しますと、息巻て居る処へ、入城の令達に来た侍が、妾に同意をして、「是非、城中の御手伝いを願ます。男が婦人の仕事をして居ては、戦闘力が減りますから」と。

そこで、妾は、預て殿様より御預の馬に乗って入城しやうとしましたが、時機切迫といふので、そのまゝ大小をたばさみ〔手挟み〕、鉄砲と弾薬を身につけ、足袋裸足にて、廊下橋御門へ駈付けました。

此時、御門番は、帯など締めて居た位ですから、城内の警戒などは、少しも出来て居ません。若、此時、少数の敵でも闖入せば、残念ながら落城したかも知れません。実際、追手門や西出丸の方面には、無数の敵が居りましたが、幸ひに東方面には余り見えませんでした。

しかし、妾のすぐ後から、敵三名、三の丸に忍び込んで、捕へられ、訊問の結果、上方弁の為、間諜と知れ、廊下橋の東で之を斬り、暫く其首を晒てありました。

八重子刀自、夜襲隊に加わる

入城後、妾は昼間は負傷者の看護をして居りましたが、夕方になり、今夜出撃と聞きましたので、妾も〔夜襲に〕出様と、脇差にて髪の毛を切始めましたが、却々切れませんので、高木盛之輔の姉ときをさんに切って貰ました。城中、婦人の断髪は、妾が始でありました。

それから密と支度をして、大小を差し、ゲベール銃を携へ、夜襲隊と共に正門から出ました。門を出て、暗闇を進んで行くと、敵の姿がちらほら見えたので、ソレッとばかり斬込みました。無論、喊声を揚げずに、勝手次第に斬り込んだので、敵の周章加減は、話になりません。

全然で子供の打撃に遭ふた蜂窩の如く、右往左往、散乱し、中には刃向ふ者もあり、又同士討をして居る者もあったが、敵に増援隊が来ると、漸く静まり、猛烈に逆襲して来ました。

〔城から出て夜襲をかけた女は、妾一人〕

然し、勝手を知って居る城兵が、各処に出没して、縦横に軌って廻り、又、火など放ちました者ありて、随分、敵をなやました様であります。妾も命中の程は判りませんが、余程、狙撃をしました。

此時の出撃人や、戦った時間などは、一寸判りません。只、深入りは不覚の基、と最初からの申合せでしたから、直ぐ引揚げました。夜襲に加はったのは、女では妾一人であります。

元来、妾は子供の時から男子の真似が好きで、十三才の時に、米四斗俵〔約六十キロ〕を自由に四回まで、肩に上げ下げをしました。又、石抛げなどは、男並にやって居ましたから、今の世なら運動選手などには、自ら望んで出たかもしれません、と呵々と哄笑せらるるところ、童顔愛すべし。

十一、二歳の少年、夜襲に出でんとす

翌二十四日の晩、妾一人にて出撃せんと、夜暗に乗じ、御台所門より出て、太鼓門に来ると、十一、二才の子供等十人許り、何れも手頃の長さに切りつめたる槍を携へ、偉い元気で集合して居ました。其中に水島粂も居りました。其内の一人が、妾を見て、是非夜討に私共を同行を、と頼みますので、妾も斯んな子供も君のために命を捨てる覚悟か、と思ひ、暗涙を催しました。

妾一人なら格別、子供等を同伴することは、一応殿様に御伺せんければならぬから、と子供等を待たせて、黒金御門に至り、此由を申上ぐると、殿さまは、

「一同の健気な志は褒めて遣はすが、女や子供のみを出撃さしては、城内兵なき事を示すが如きもので、反て城中の不覚となるから、差控へる様」

に、との仰なれば、其旨、子供等にも懇々と申含めて解散させ、妾も止むなく出撃を中止しました。

〔照姫の御傍役に〕

其時、同処に居られた河原とし子さんと高木の御姉妹と妾とは、同時に照姫様〔藩主・容保より二歳上の義姉〕の御側役心得を仰付られました。

著者曰く、水島粂は幼名にて、後に義と改む。水島純翁の弟なり。義氏は、明治十五年、朝鮮の暴徒等、花房〔義質〕公使を襲撃せし〔壬午事変の〕際、防戦奮闘して之に死せり。墓は谷中天王寺にあり。碑文は〔初代帝国〕大学総長、渡辺洪基氏、題字は松本順氏の筆に成る。常に其知遇を得つゝありしといふ。

籠城中の婦人〔中野こう子〕

籠城の六日目に、中野こう子〔孝子〕さん入城されたが、妾を見て、「何故、娘子軍に加はりませんでした」と。妾は、「妾は鉄砲にて戦する考へで居りました」と答へたが、実際、西出丸の上から日々、狙撃をして居ました。

又、大砲の手伝いもして居りましたが、籠城六百人近くの婦女子が、何れも断髪をして、着のみ着の儘、湯にも入らず、玄米の御握に少量の味噌か塩に甘んじ、昼夜の区別もなき労役に従事し、日毎に彌増、悲惨の光景にも屈せず、折角敵は逃げよといはん許りに、南方口を明けてあるにも拘わらず、誰一人として遁れる者もなく、一生懸命に働いて居った事は、実に勇ましき話であります。

特に感心しましたのは、高禄を食んで居られた婦人方が、何れも饑渇を忍び、労を厭はず、何事も真先になって働かれた事であります。畢竟、土津様〔初代藩主の保科正之〕の御遺訓たる寡言実行の精神を発揮されたもので、此等は帝国将来のため、尊き教訓とおもひます。

従って、何れもよく働いたが、就中、中野こう子さんの働き振りは、一際目立って居て、城中何れも嘆賞して居りました。籠城中、子供は凧を揚げて、遊んで居ました。

紙鳶〔凧〕は弾雨を犯して、城上に舞ふ

凧は春風昇天などゝいふて、専ら子供等の春の遊びとのみ思ふて居りましたが、晩秋ながらなかなかよく飛んで居ました。其他、戦ゴッコ、鬼ゴッコなどゝ、無邪気に遊んで居ましたが、熱弾が来ると、争ふて之を拾ひ、御握りと交換して貰ふて、喜んで居ました。随分危険でありますが、馴れ切って、巧に之を消しとめ、再び城中の用に供してくれました。

敵の総攻撃

敵の総攻撃は、九月十四日の早朝、六時に始まり、毎日夕の六時頃迄は、実に凄まじい勢ひで砲撃をしました。無論、小銃弾も三方面より非常に来ましたが、大砲の音に消されて、少しも聞こえませんが、只、バッバラッと霰の如く絶えず来て居ました。

それに頭上で爆裂するかと思ふと、眼下に砂塵を揚げる。瓦は落る。石は跳ぶ。城中は全然、濛々たる硝煙で殆んど噎ぶ様な有様。然し、誰一人、逡巡ふものもなく、寧ろ反って勇気百倍、子供等は

濡れ筵を以て縦横に馳せ廻って、焼弾を消して居る。

〔女性の働き（有賀千代子）〕

婦人は弾薬の補充に奔走し、或は傷者の運搬、救護等、其多困多難の有様、なんとも話になりません。妾も一寸の暇を見て、有賀千代子さんと共に握飯を盆に盛り、大書院、小書院の病室へ運搬中、轟然、一発、脚元に破裂し、砂塵濛々として眼も口もあけず、呼吸も出来ず、暫時佇み、漸く目を拭ふて見れば、千代子さんも煙の裡に立っては居るが、其顔は全然、土人形の怪物そっくり。これには、妾も可笑しくて、抱腹絶倒をしました。

然し、千代子さんも妾の顔を指指して、笑ひこけて居ました。御握は、と見ると、又、驚きました。全く蟻塚をそっくり盆に載せた様に、塵一杯になって居たので、これには落胆しました。

実際、総攻撃の最初の如きは、四方より撃込む砲弾は、低空に産差交錯して、爆声天地を振動し、小銃弾は雨の如く、全く火天を頂き、火海に立って居る様でした。

月見櫓に居た老人（名を忘る）が、主として小田山方面の砲声を聞きつつ、黒点を以て昼間だけの弾数を調ぶると、千二百八発であった、と申して居ました。大書院の病者は、昼夜を通して、二千五百有余発を算したそうであります。随分、猛烈でありました。

籠城婦人の決心

それで、籠城婦人は、何れも多少なりとも怪我をして、他の厄介になる様では、男子の戦闘力を殺ぐ様になるから、其時には自刃をしやう、といふ覚悟で、脇差か懐剣を持たぬ人は、ありません。妾も介錯する人をも、頼んで居ました。

こんな訳で、支度も身軽にし、帯なども決して解けぬ様、細紐にて緊かり結んで居ました。そんな風に、何れも今日か明日か、最後の時には見事に死際を立派にしやうと決心して居ましたから、松の樹の枝にかゝって死んだ婦人がある、などといふことは、大変な間違ひ〔誤伝〕と思ひます。妄に文飾するから、真相を脱するのであります。

御承知の如く、何れの家庭にも、戦死戦傷者を出して居ます。妾の弟の三郎（二十一才）は、正月三日、伏見で、父の権八（六十一才）は、九月十七日、一ノ堰にて戦死をして居ます、籠城中の婦人は、大概こんな境遇の人ばかりであるから、何れも死花を咲かせやうと決心して居ったのであります。

泣くな、武士じゃ〔南摩節〕

総攻撃であったが、南摩綱紀の甥、節（通称、左近）は、暁霧に乗じ、副食物の捜索に城南に出で、南瓜を沢山集めて帰城の途中、南門付近に於て、小田山の砲弾のため、右大腿骨を粉砕され、人に担がれて来ましたが、腰が立たぬので、妾は大き石に倚りかゝらせ、草鞋をとり、袴を脱がせ、手当をしてやりましたが、少しも泣かず、又、痛いともいひません。

其時、櫓の処より見て居た南摩家譜代の従僕が、大に驚き、馳せ来り、此惨状を見ると、声を放ち、泣き出しました。然るに、節は此時、十五才でしたが、僕に向ひ、「見苦しい。泣くな。武士は仕方がないじゃないか」と、いと謹厳な、元気ある声にて、之を戒めてあった。然し、此勇敢な節も、出血多量のために、遂に死亡しました。妾も此子の元気には、感心してあった。

開城の式場

妾は正門の傍より遥かに見ましたので、其場所は判然しませんが、御城の直ぐ前の西郷様と内藤様との間、石橋の辺と申してました。此時、妾共は実に口惜しくて、暗涙を呑んで見て居ましたが、中には石垣に頭をつけて、歔欷流涕して居た婦人もありました。

降参の旗は、長三尺、巾二尺位、それも小布を多数集め、漸く縫合したもので、之を縫う人達は、泣きの涙で、針先は少しも進まなかった、と申して居ました。之を一間半位の竹竿に結びつけ、三個所に立てた。一本は正門前の石橋の西端、一本は黒鉄御門の殿様の御座所の前、他の一本は判りません。

当日の事を考へると残念で、今でも腕を扼したくなります。此時の城中は、全く火の消えた様に、寂然でありました。

〔午後に〕城の受渡し

二十二日の午前は、右之式にて、城の受渡しは午後でありました。城中に居た会津勢は、全部、三の丸へ移されとすぐ、西軍が入城しましたが、其時、入城する西軍が、「イヤア――イヤア――」と悪らしい程の大音声にて、続けざまに叫びつゝ、「ドッドッドッド――」と三の丸に聞ゆる程の足音をたてつゝ、殆んど駆足にて繰り込んだ此の時の残念さ、無念さ。

一同思はず「ウム――残念――奸賊共――」と、今にも斬って入り、腕のかぎり斬り捲って、死なふかと、殆んど衆心一致したのでありますが、詮方なく城中音する方を睥睨ながら、切歯扼腕したのであります。

夕方になると人員調のために、桜馬場へ集合しましたが、日全く暮れたので、中止となり、再び三の丸へ戻されたが、最初、道路上に立て列へられた葵の御紋の提灯が、戻る時には悉皆、揚羽の蝶の提灯に変って居ましたので、「汚らはしい奸賊共の提灯が――ウム、残念」と、歯がみをしました。

〔月明かりに「明日の夜は」の歌を城壁に刻む〕

妾が歌を〔三の丸雑物庫の城壁に〕書きましたのは、此夜の十二時頃で、月は物凄い様に輝いて居ました。

二十三日の朝、西軍より握飯一個宛、分配されたが、其飯粒が朝日に輝き、異様にキラキラするので、毒を混ぜしものならんか、といづれも躊躇(ちゅうちょ)しましたが、籠城中、玄米の御握をのみ食べて居ったゝめ、白米は妙に白く見え、何んとなく気味悪く思ひながら食べました。実際、何も変りありませんでした。

〔三郎として猪苗代へ行く〕

それから婦人、子供、及六十才以上の老人連は、御構(おかまい)なし、といふ事になりましたが、其他は猪苗代(いなわしろ)謹慎を命じられました。妾は戦死した弟の名前をつけ、山本三郎と称し、男装して検査を受け、猪苗代に向ひ、出発しましたが、途中、西軍の雑兵共、妾を見て、「アヽ女郎(じょろう)が居(お)る――女郎が行く――」と叫びつゝ、随(つ)いて来るので、蒼蠅(うるさ)くてたまらず、隊の右に移り、左に転じ、或は列中に入りなどして、漸く猪苗代に着きました。途中、多くの死屍(しし)を見ましたが、誠に気の毒とも何とも申し様(よう)もなく、感慨無量でありました。

（「キリスト教史」八、同志社大学至誠館、二〇一二年一月一〇日）

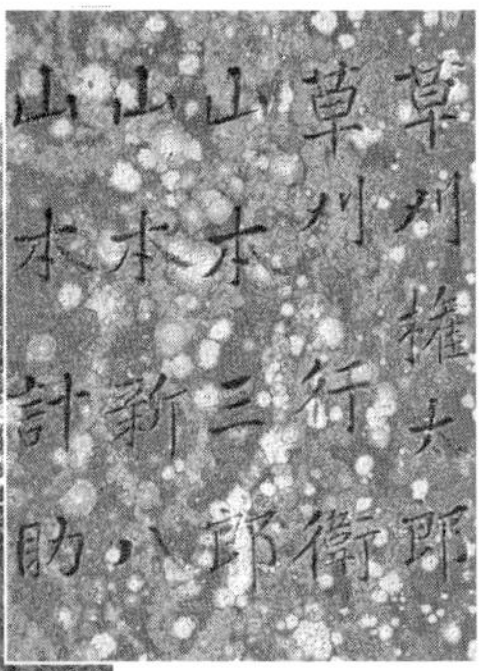

殉難碑に刻まれた
山本三郎の名

石碑（左）、秩父宮妃手植えのニレ（中）、殉難碑（右）

黒谷（金戒光明寺）の会津墓地

境内には「会津墓地」があり、会津出身殉難者の法要を毎年、京都会津会が主催している。八重の弟（三郎）も鳥羽伏見の戦いが原因で戦死したので、境内の殉難碑に名前が刻まれている。

1928年、会津高等女学校（現福島県立葵（あおい）高等学校）の女生徒たちが、修学旅行ではるばる京都を訪ねた。5月16日（同校日誌では、6月5日に会津発）、八重は自らガイドとなって、一行を会津墓地のある西雲院（黒谷の塔頭（たっちゅう））に案内し、戊辰戦争での体験談や思い出などを披露した。胸には、篤志看護婦の功績を称える宝冠章が輝いていた（秋山角弥「記憶力の非凡なおばあ様」『同志社校友同窓会報』61、1932年2月15日）。

会津のおんなたち
――「日本女性の花」――

「日本女性の花」

「会津の女性は、維新の際に於ては、日本女性の花、とも云ふべき者を多く出した」。徳富蘇峰の指摘です。さらにもっとすごい言葉が、続きます。会津が生んだ「日本女性の花」のひとりは、八重だった、というのです。原文では、「其の中に数ふ可きは、山本覚馬の妹、八重子であった」とあります（徳富蘇峰『三代人物史』四七五頁、読売新聞社、一九七一年）。

会津の女性パワーは「なでしこジャパン」並みですね。十日前にもここ、会津若松市内であったシンポジウムでは、ゴールドメダリストの高橋尚子さんを始め、講師は女性四人。男性は私ひとりでした。まさに女性上位です。

徳富蘇峰

蘇峰は、八重と同時代の人です。同志社の中退者・卒業生のなかで、新島襄以上に有名なのは、彼でしょう。彼は、同志社在学中（当時の名前は猪一郎）、今なら中高生ですが、校長夫人の新島八重を公開の席でも再三再四、痛烈に攻撃しております。新島死後直後に八重に詫びたとはいえ、後年になってからも、新島八重をこんなに高く買うとは、ちょっと意外です。

蘇峰は、『近世日本国民史』(第七十三巻)の中の一節、「会津側より見たる開城(三)」にも、八重を登場させております。そこには、「賊軍」史観が見られません。

蘇峰が見るように、八重は、会津の女性として、はたして代表的な「日本女性の花」なんでしょうか。「八重の桜」こそ他の花を圧倒する、というのでしょうか。それを明らかにするためには、同時代の彼女の周辺に咲き誇る、他の「花」にも目配りする必要がありますね。

瓜生岩子

まず、瓜生岩子です。彼女を差し置いて、八重は、はたして「日本のナイチンゲール」になりえるか。検証してみます。

NHKは来年(二〇一三年)、大河ドラマで八重を、ナイチンゲールとして売り出そうとしています。ですが、これまで地元の福島県で「日本のナイチンゲール」と言えば、明らかに瓜生岩子(一八二九年〜一八九七年)でした。瓜生にその呼び名がついた由来は、戊辰戦争での独自の働きによります。

岩子の孫が、祖母の伝記に「明治戊辰の役には、戦場に出入して、敵味方の別なく、負傷兵の看護に尽したことは、英国のナイチンゲールの如く」と記しました(傍点は本井)。それを受けて、金森徳次郎(憲法学者で国務大臣)は、こう断定します。「会津戦争の際、負傷兵には敵味方の区別なく手当てを施した如きは、着眼の高邁、時流を抜くものであって、まさに日本のナイチンゲールである」

（瓜生祐次郎『瓜生岩子伝』序文、六頁、瓜生岩子銅像再建期成会、一九五四年）。

最近のネット情報でも、同じです。

「彼女は両軍のおびただしい傷病兵を見て、放置しておくに忍びず、傷兵や窮民の介抱に努めます。『敵も味方もない。怪我人は怪我人です』。その働きは新政府軍の大将、板垣退助の耳にも達します。板垣退助は岩子に会おうとするけれど、戦乱の中で、それは叶(かな)わなかった」と伝わっています（「ねずきちさんのマイページ」から「会津藩のふたりの女性　中野竹子と瓜生岩子」）。

敵も味方もなく

新島八重が、日清・日露戦争で篤志看護婦として働いたことは、事実です。具体的に言えば、一八九四年、広島陸軍予備病院で約四か月間、看護婦監督として活躍しました。京都から日赤と京都看病婦学校（同志社系看護学校）の学生二十余人を引率しての出張でした。

一九〇五年には、一月から前後二回にわたって約二か月間、大阪予備病院で奉仕活動を行ないました（『追悼集』六、三八八～三八九頁、同志社社史資料室、一九九三年）。

だから、この事実を捉えて、八重も日本のナイチンゲール、と言いたくなるのも、分かります。けれども、敵・味方の区別無く看護した、というわけでもなさそうです。主として日本人の看護や看病に主力を注いだはずです。

初の篤志看護婦

その点、ナイチンゲールの名を八重に被せることには、多少の違和感が伴います。「初の篤志看護婦」とするのならOKというか、彼女に相応しいのですが。

それでも、八重のボランティア精神には、単なる愛国主義や戦闘主義では計ることができない視点があることも、事実です。キリスト教的な、弱者への暖かい眼差しが、明らかに見られます。自らの告白があります。こうです。

「手の無い人、足の無い人、脳を撃たれて精神の異常を来たした人、其他種々の人を見ると、国家の為めとは申しながら、実にお気の毒でなりません」(「新島夫人の看護談」一五七頁、『女学世界』五の八、博文館、一九〇五年六月)。

戊辰戦争での看護活動

戊辰戦争(会津戦争)での八重の活躍は、スペンサー銃を手にした銃撃戦というイメージが、もっぱら定着しています。しかし、実は戊辰戦争でも看護活動を行なっているんです。八重が披露した十八番の戊辰戦争談を聞いて、ある同志社の学生が、こう書き残しています。

「何でも、傷病兵の手当てをする際、包帯に用ふべき白い布が無いので、着物の裏の僅の白い部分など切り裂いて、之を用ひられたなどの御話を」聞いた、というのです(『追悼集』五、七〇頁、同志社社史資料室、一九九一年)。

山室軍平もそうです。学生時代に八重を訪ねて、新島襄のことを取材した際、八重の戦争談に感動しています。「いかに城中に立籠(たてこも)って、傷病兵の看護をせられたか、云(い)ふ様な話を伺ひ、その雄雄しい精神に感動したのであった。これこそ、バプテスマ〔洗礼〕を受けた女丈夫(おんなますらお)」だ、と回想しています(『追悼集』六、三八五頁)。

早くから病院奉仕活動

ですが、ここでも瓜生と違って、もっぱら会津人の看護や看病に力を費やした点は、後の日清・日露と同じです。いや、前者は後者の「原型」ですよ。つまり、日清では広島で、そして日露の時は大阪で看護に当ったのは、「二十四歳の当時、会津城内に試みられたと似たやうなことを、再度繰り返されたものに過ぎません」(『追悼集』五、七三頁)。

再度繰り返す、と言えば、八重の看護奉仕活動は、意外に早いのです。一八八〇年のことですが、当時、京都で伝道していた女性宣教師のH・F・パミリーが、公立病院で奉仕活動をしていました。何かの都合でそれが二度中断されたときに、助け舟を出して、奉仕活動を継続したのが、八重でした(拙著『アメリカン・ボード二〇〇年』四八七頁、思文閣出版、二〇一〇年)。

奉仕活動では当時、まだ素人の八重は、宣教師から多少の手ほどきを個人的に受けたはずです。

八重の看護活動

八重の看護活動の原点は、それ以前の会津戦争でした。彼女が看護した会津人のひとりに、遠藤敬止がいます。後に第七十七銀行頭取や仙台商工会議所初代会頭になります。が、むしろ、戊辰戦争後、売りに出された鶴ヶ城を二千五百円で買い取って、旧藩主（松平家）に寄贈したことで知られる資産家です。

彼は、戊辰戦争中、手首を銃弾で打ち抜かれます。「すべての靭帯がぶらぶらする」ほどの傷です。その時、手当てをしてくれたのが、八重であった、と回顧しています。

そのお礼の意味も幾分かはあったのでしょうね、後に（一八八六年に）新島襄が仙台に同志社分校を設立する運動を展開した時、最高額の寄付（一万円）を寄せています（拙著『新島襄の交遊』一一二頁、思文閣出版、二〇〇五年）。まるで、「出世払い」ですね。

同志社看護教育の復活

会津にしろ、広島、大阪にしろ、八重の看護活動は、思わぬ現代的効果をもたらせようとしています。彼女は、自らの実践活動の経験を踏まえてのことでしょう、看護教育の実践にも意欲的でした。そのモデルともいうべきは、茶道です。

後半生の八重は、茶人として、京都市内の女学校で茶道をカリキュラムに組み入れることに意欲的でした。具体的に言えば、府立第一高等女学校（現府立鴨沂高等学校）、ならびに市立第一高等女学校

（現市立堀川高等学校）にそれぞれ「茶儀科」を設けるのに、骨折っています（本書別巻二を参照）。

同様に看護教育にも熱心でした。これまた、女学校で正規に教えるべきだ、という意見でした。残念ながら、うまく行きませんでした。今では、ごく当たり前のことなんですが、八重の主張は時代を先駆けていて、早すぎたのでしょうね。

同志社に看護学科を

それでも、最近になって、新しい展開が見られます。同志社大学はかつての京都看病婦学校（同志社系看護学校。関西で初の試み）の再来とばかり、最近、あらためて看護教育に目を向け始めました。二〇〇八年に開設した生命医科学部に、近い将来、「看護学科」を併設しようとする動きです（『サンデー毎日』五四頁、二〇一二年一月二十二号）。

もちろん、「八重の桜」で浮上したプロジェクトじゃありません。ありませんが、八重の事跡が、力強いアクセルになることは、間違いありません。このニュースを八重が聞けば、裏ともども、大喜びするに違いありませんね。これまた、思わぬ八重効果です。

瓜生岩子の記念館、碑、そして像

もう一度、瓜生に戻ります。彼女の戊辰戦争での働きは、あれだけで終わりません。戦争後も奉仕活動は、続きます。社会事業の分野で、恵まれない人びとのために、開拓的な働きをします。仏教徒としての奉仕活動でした。だから、生前に親交のあった下田歌子は、岩子の銅像台座の碑文に「菩薩（ぼさつ）の化身（けしん）」と記しました（『瓜生岩子伝』四八頁）。それだけに、顕彰面でも手厚く扱われています。

出身地の喜多方（きたかた）市には、市立瓜生岩子記念館があります。さらに福島県と東京都には数か所に彼女の銅像が立っています。そのうち、東京の浅草寺（せんそうじ）にある銅像は、親交のあった渋沢栄一らが建立したものです。

社会福祉の先駆者

渋沢は、彼女を東京養育院幼童世話係長に招いた人物です。像の碑文には、「瓜生岩子　文政十二年二月十五日、会津熱塩（あつしお）温泉の山形屋で生まれ、貧民救済、貧民児童の教育、授産、堕胎防止などの幅広い社会事業に身を捧げ、育児院、幼学校、済生病院、裁縫教授所などを設立。一生を社会福祉運動に費やした」とあります。

岩子は、一八九六年に藍綬褒章（らんじゅほうしょう）を受けます。これは、女性が褒章を受けた初のケースです。八重も同年に勲章をもらっています。日清戦争中に傷病兵看護に従事した功により、宝冠章（勲七等）を他の女性と共にもらっています（『読売新聞』一八九七年一月一七日）。これは、民間女性が勲章をもらった初のケースに当たります。続いて、一九〇五年にも今度は日露戦争での篤志看護婦の働きに対して、宝冠章（勲六等）を受けています。

叙勲という点では、ふたりはいい勝負です。

ちなみに、勲六等というのはなかなかのものです。これより十年後（一九一五年）のことですが、あの津田梅子が同じ勲六等宝冠章をもらっています。梅子にしては、ちょっと遅すぎる感がします。

愛国婦人会

八重は戊辰戦争後は、岩子とは別の世界で社会的貢献を果たそうとします。たとえば、日清・日露の戦間期（一九〇一年）に、八重は「愛国婦人会京都支部」の創立委員を委嘱され、支部の立ち上げに尽力します。ついで臨時評議員や常会員にもなっています（『新島遺品庫目録』上、一四〇頁）。やはり「銃後の守り」に意欲的ですね。

ただ、その一方で八重らしいのは、「京都婦人慈善会」の特別会員や名誉会員にも名を連ねている点です（同前、一四〇頁）。ちなみに、日本赤十字社篤志看護婦人会長の横山須磨子は、愛国婦人会京都府支部長を兼務していました（『追悼集』五、七八頁）。

八重の社会的な働きとしては、このあたりがピークです。貴婦人、いや京都のファースト・レイディとしての知名度とブランドが、あちこちで利用されたり、ものを言ったりしたはずです。

「会津のジャンヌ・ダルク」

ナイチンゲールはこれくらいにして、次にジャンヌ・ダルクに移ります。NHKは大河ドラマで、八重を「幕末のジャンヌ・ダルク」として、売り出そうとしています。最初に誰が言い出したのか、定かじゃありません。少なくとも、テレビでこれを世に広めたのは、日本テレビ（TBS）でしょう。二〇〇九年三月十一日の「日本史サスペンス劇場」の「会津藩の女たち」です。ただし、「幕末の」ではなく、「会津の」ジャンヌ・ダルクとして、取り上げられました。「森三中」の大島美幸が、八重役を好演しました。

ついで、これを受けて、守部喜雅(もりべよしまさ)氏が『聖書を読んだサムライたち――もうひとつの幕末維新史』（第七章八四～八八頁、いのちのことば社、二〇一〇年）の中で「会津のジャンヌ・ダルク」と題して、八重を紹介しました。八重がサムライ（男性）扱いされているのが、おもしろいですね。

ところが、ナイチンゲール同様、ジャンヌ・ダルクの名に相応(ふさわ)しい女性が、会津にすでにいます。中野竹子です。生年は不明で、一八四六年から一八五〇年あたりに生れた、とされています。没年は一八六八年です。年齢的には八重とほぼ同世代（一歳から五歳違い）です。

中野竹子

竹子は、薙刀(なぎなた)の名手として知られ、母親が隊長を務める「娘子隊(じょうしたい)」（会津婦女薙刀隊）の隊士になります。その特技を活かして、戊辰戦争では「西軍」相手に勇猛に闘っています。薙刀を武器に、母、妹ともども従軍しました。

三人のうち、竹子だけが銃で撃たれて、戦死しました。しかも、二十歳前後で、です。十九歳で火あぶりの処刑に遭ったジャンヌ・ダルクと同じような悲劇的な最期です。その点では、八重よりも竹子の方が、ジャンヌ・ダルクに近い存在です。一方の八重は、八十六才という長寿を享受していますから。

美貌の会津娘子隊士

それだけに、竹子の人気は八重以上です。たとえば、『図説　幕末志士一九九』（学習研究社、二〇〇三年）には、幕末に全国で活躍した「志士」として、十九人の女性が紹介されています。その中に、竹子はちゃんと入っています（一七二頁）。しかも、「薙刀を手に奮戦した美貌の会津娘子隊士」という謳い文句入りです。福島県人としては唯一ですから、八重は、選外です。

竹子が戦死した現場近く（会津若松市神指町）には、彼女の石像と「中野竹子殉節之地」碑があります。彼女の「殉節」は、飯盛山の白虎隊自害、ならびに西郷頼母一族の集団自決と並んで、会津戦争中の（三大）悲劇として、今も語り継がれています。

大砲が操れる

これに対して、八重に優るものがあるとすると、砲術です。薙刀だけじゃなく、鉄砲や大砲をも操れた点で、竹子よりは、武器を扱うスケールが、はるかに大きいです。だから、武勇伝になりますと、男勝りの八重に分があります。

八重も、もちろん薙刀が扱えます。が、実践では役立たないと言って、もっぱら銃と大砲を操ります。とりわけ、大砲の腕前は凄かった、という目撃者の証言があります。

「敵は小山田(おやまだ)、慶山(けいざん)、或ハ郭外ノ土堤へ大砲ヲ仕掛ケ、幾千トナク打カクル。其音、雷ノ轟(とどろ)クカ如シ。城内ニテモ、追手(おって)、高塀、或ハ所々ノ土堤、大銃ヲ仕掛ケ、答炮(とうほう)ス。

中ニモ楼下橋ヨリ小山田へ打出ス大砲ニテ、敵ヲ悩セシ也(なり)。是(これ)ハ山本覚馬妹ニテ、川崎庄〔尚〕之助カ妻ナリ。流石(さすが)ハ、炮術師範ノ家ノ女ナリ。大砲ヲ発スル業、誤ラス敵中へ破裂ス。諸人、目ヲ驚ス。

身ニハマンテル〔マント〕ヲ纏(まと)ヒ、小袴ヲ着ケ、宛(あたか)モ男子ノ如シ」（星亮一編『荒川勝茂・明治日記』三七頁、新人物往来社、一九九二年）。

武勇談

八重自身の回顧にも、籠城中の働きに関するものがあります。「弾が参ると、〔藩主は〕『今の弾丸の大きさは、どのくらいあるか』と私に尋ねておられました。私がよく弾の説明も致して、主人〔藩主〕に聞かせておりましてございます」（本書八二頁）。

これには、ちゃんと目撃者がいます。後に明治学院総理（今の学院長）になる井深梶之助です。「某日、包囲攻撃が最も猛烈であって、砲弾が四方八方から飛来爆裂した頃のこと、一人の妙齢の女丈夫(じょじょうぶ)が、藩公の御前に召されて、敵軍から間断なく城中打込み来る所の砲弾に就(つい)て、説明を申上げたのであった。

大砲の弾を分解

その砲弾は、四斤砲と称して、当時に於ては、新式の利器であったのであるが、前述妙齢の女丈夫は、敵軍から打込だが、着発しなかった一弾を携へ来って、君公の御前に立て、之を分解して、その中に盛られた数多の地紙型の鉄片を取出して、此砲弾が着発すれば、此鉄片が四方に散乱して、多大の害を及す者である、と極めて冷静に且つ、流暢に説明して、四座を驚かせたのは、誰あらう、当時、芳紀まさに二十三歳の八重子女史、即ち本年〔一九三二年、数えで八十八の〕米寿を迎へられた新島八重子刀自である」（『追悼集』六、三八〇頁）。

男装

さらに、八重は戊辰戦争で戦死した弟、三郎の衣装を身につけて、男装して戦闘に加わりました。このことも、ジャンヌ・ダルク的です。これに関しても井深の証言があります。

「その時、女史の服装は、黒羅紗、筒袖、弾袋の男装であって、髪は斯髪であった。六十五年後の今日、之を追憶し来れば、妙齢の一女丈夫が、君公の御前に立って、いとも静かに四斤砲弾丸構成の説明を申上た、その光景は、今尚、髣髴として、目前に浮かび出て、絶間なく頭上にも四方にも爆裂する、耳を劈くばかりの砲声さへも聞えるやうな心地して、感慨無量なるものがある」（『追悼集』六、三八〇頁）。

戦争なんかの時に男装する女性は、他にもいたと思います。ですが、彼女たちと八重との間には決定的な違いがあります。八重の場合は、便宜のために男の格好がしたかった、というよりも、とにかく男になりたかったのです。殺された三郎に変身したかったのです。

「ハンサム・ウーマン」

以上の瓜生岩子や中野竹子以外にも、「大河ドラマ」で主役を張る八重を脅かすような女性が、さらにいます。ウエブの「うつくしま電子事典」（人物編）が取り上げる三人の女性です。三人とは、大山捨松、海老名リン、若松賤子です。

奇しくも三人とも、クリスチャンです。乱暴に言ってしまえば、彼女たちも八重同様に「ハンサム・ウーマン」です。いや、見方を変えれば、八重以上かもしれません。

そもそも「ハンサム・ウーマン」とは、どういう女性を指すのか。八重を「ハンサム・ウーマン」と初めて呼んだのは、八重をとりあげたＮＨＫの番組、「歴史秘話ヒストリア」です。私は、放映後に出した八重に関する本に、手助けしたディレクターの許しを得て『ハンサムに生きる』（思文閣出版、二〇一〇年五月）というタイトルをつけました。

「見た目より心」

もともと、八重を形容するのに、「ハンサム」という英語を用いたのは、婚約中の新島襄です。原文の英文をＮＨＫ訳で紹介すると、「彼女はちっともハンサムではありません。けれども、生き方がハンサムです」となります。

新島はハンサムという語が入った英語のことわざ、「見た目より心」を下敷きにして、自分の婚約者をアメリカの友人に手紙で知らせました。その中に、ハンサム発言が飛び出します（拙著『ハンサムに生きる』四一頁、七七頁）。

新島の女性観

ここから、新島の女性観がほのかに窺えます。八重が言うには、「襄は、婦人に関する話はあまりいたしませんでしたから、婦人について、どんな考えを持ってをりましたかは、よく存じません」（「家庭の人としての新島襄先生の平生」五二頁、『婦人世界』六の一、一九一一年一月）。

けれども、「美徳、以て飾りと為す」という書を残しているのが、手がかりになります。この文面から、外見よりも内面の美を優先する姿勢や態度であることは、間違いありません。襄が残したこの揮毫を八重もそっくりそのまま書き写しています。日ごろから、夫の姿勢に共鳴していたからでしょう（拙著『ビーコンヒルの小径』六二頁）。

美徳を磨く

内面を飾ること、それは人間性や人格を磨くことです。このことは、徳を重視するクリスチャンならば、まずは自然と受け入れられるはずです。その意味では、先の三人の女性も、本人が意図する、意図しないにかかわらず、「ハンサム・ウーマン」、すなわちクリスチャン女性として、ひとつのモデルでありえたはずです。

ちなみに、八重の見た目ですが、「新しい」、と評する学生（三輪源造）も、おりました。四十歳頃の八重の印象を、「御年齢に比べて御若く見えましたし、御容子も、御言葉も総べて新しい婦人と云う感じを与へました」（『追悼集』六、四〇六頁）。

大山捨松

「ハンサム」の用語についてはこれ位にして、三人のクリスチャン・レイディに戻ります。個別に見て行きます。まずは、大山捨松（旧姓・山川、一八六〇年～一九一九年）です。

彼女は、家老の娘でありながら、会津の宿敵である（あった）薩摩藩士、大山巖と結婚（大山は再婚）しました。捨松がまだ八才頃のこと、大山は「西軍」砲兵隊長として、実際に鶴ヶ城を攻めていました。その時、右足に貫通銃創を受けて、江戸に移送されました。一説には城内から八重に撃たれたのでは、といいます（中村彰彦『会津のこころ』二〇三頁、日新報道、二〇〇九年）。

もし事実ならば、興味深いですね。後年、新島には大山との交流が生まれますから。それはともかく、かつての宿敵同士の結婚です。それだけに、周囲の猛反対を押し切っての結婚、ですから、実にドラマチックです。

それ以上に、津田梅子らと岩倉使節団に同行して、いち早くアメリカ留学した女性留学生のパイオニアでもあります。高等教育をニューヨーク州のヴァッサー大学で受けました。留学中は、端正な美貌と知性の豊かさで評判をとったといいます。外国語(三か国語)も堪能で、卒業時の成績は、学年でトップクラスでした。

大学卒業後は、コネチカット看護婦養成学校に進学し、一年足らずで上級看護婦の免許を取得します。彼女が、設立されたばかりのアメリカ赤十字社に強い関心を示すようになるのも、ごく自然です。

「鹿鳴館の花」

帰国後は、「鹿鳴館の花」として、参議・陸軍卿(きょう)の夫を助けて、社交界で大活躍をします。なにしろアメリカ仕込みの圧倒的な英語力に加えて、日本人放れしたスタイルや振る舞いが評判でした。「面長(おもなが)でノーブルな美ぼうといい、日本女性の標準をこえる背の高さ、ハイカラな所作といい、出演した外人女性たちにくらべても、抜群の美人ぶりであった」と激賞されます(児島襄『大山巌』第二巻、三一〇頁、傍点は原文通り、文芸春秋社、一九七七年)。

時には、三日間にわたる「鹿鳴館慈善会」(チャリティーバザーのはしり)を主軸となって企画し、純益を有志共立病院看護婦教育所の設立に捧げました。同校は、日本初の看護学校です(ちなみに、二番目は新島襄が設立した京都看病婦学校で、八重もこれに関わりました)。

活発に日赤活動

さらに、捨松は、夫の大山が日清・日露の両戦争で参謀総長や満州軍総司令官として活躍したのに対して、自身も積極的に「銃後の活動」を展開します。すなわち、看護婦として、日本赤十字社で傷病者の看護にあたったり、政府高官の妻たちと包帯作りをしたりしました。

のちには、日本赤十字社篤志看護婦会理事などの要職にも就きます。捨松のこうした活動は地味ではありますが、新島八重の看護実践と比べても、けっして引けはとりません、いや、看護の在職期間から言えば、捨松の方がはるかに長期です。それに八重がローカルな現場で活躍したのに対し、捨松は中央の人(指導者)でした。

大学を出た最初の日本人女性

新島襄は、アメリカ留学中に少女の津田梅子を可愛がりました。なので、捨松とも面識があった、と考えられます。つまり、新島と接触した会津の女性は、八重だけではありません。捨松は、(一)留学期間が十一年間、(二)大学を正規に出た最初の日本人女性、という二点で、新島襄と双璧をなす存在です。

さらに彼女の洗礼の時期は、八重とほぼ同時期です。八重は一八七六年一月二日に、J・D・デイヴィス牧師(会衆派の宣教師)から京都で洗礼を受けます。捨松も同年、留学先のニューヘブンの会衆派教会でL・ベーコン牧師から洗礼を受けています。教派が同じ、というのも、奇しきことです。

山川健次郎

捨松の家系もすごいです。家老です。出世頭は弟の山川健次郎です。彼は、新島と同じく教育者です。三つの帝大（東京、京都、九州）で総長（東大は二度）に就任しただけでなく、私立明治専門学校（現九州工業大学）の総裁、旧制武蔵高等学校（現武蔵大学）の校長なども務めました。新島襄がもっぱらひとつの私学（同志社）の設立と発展に挺身したのと、まさに対照的です。

健次郎は、少年時代、白虎隊の一員でした。八重が白虎隊のメンバーに銃の実践指導をしたことは、よく知られています。特に伊東悌次郎は、八重のところへ小銃をよく習いに来たといいます。

伊東の家は、山本家の隣りです。八重は銃を物置から持ち出して、彼を個人指導しました。「外の白虎隊士も数名、鉄砲習いに来ました」と、八重は書き残します（『山本覚馬　新島八重　その生涯』四八頁、同志社本部庶務課、一九八九年）。あるいは、その中に健次郎も混じっていたかもしれませんね。

捨松、健次郎の兄は、浩（ひろし）です。八重は若い頃、同じ歳の山川浩を慕っていた、との伝承があります。大河ドラマでは、飛びつきたくなるようなネタですが、真偽のほどは、いかがなもんでしょうか。階級差がありすぎて、「禁断の恋」めく話ですから。

山川浩は、新島とも交流が生まれます。会津藩の「若殿」（松平容大）を同志社に入学させた前後のことです（本書一三八頁）。

海老名りん

ついで、海老名りん（一八四六年〜一九〇九年）です。幼児教育や女子教育のパイオニアです。会津藩士の娘に生まれ、会津藩軍事奉行の海老名季昌（すえまさ）と結婚しました。翌年、夫は京都へ転勤。ついで、パリ万国博覧会（一八六七年）に徳川昭武の随員の一人として渡欧し、ほぼ一年後に帰国します。

京都で戊辰戦争（鳥羽伏見の戦い）が勃発する頃でしたので、またもや京都勤番となります。しかし、鳥羽伏見の戦いで右足を負傷したために会津に戻ることになり、りんとも再会できました。怪我の功名です。おまけに季昌は、まもなく家老へと出世します。

会津戦争では、りんも籠城するはずでした。が、父親の見舞いのために入城が遅れ、やむなくりんは、会津高田に逃れます。敗戦の一か月後、家老の季昌は、戦争責任者として江戸の細川家に預けられます。

戊辰戦後の辛苦

会津藩自体も、新政府から斗南（となみ）への移封を申しつけられます。りんも家族とともに下北半島の斗南（青森県三戸（さんのへ）のあたり）への移住を強いられます。かの地での悲惨な貧窮生活は、よく知られています。一八七一年には、夫は釈放されて東京から斗南に移り、家族に合流します。が、適職にありつけないために、翌年、一家して東京へ移住しました。さらにその後、山形、福島へと転じ、一八八六年には、再び東京に戻ります。

世はあげて鹿鳴館時代となり、華美で軽薄な西洋風の文化が、流行し始める。そうした風潮に、りんは失望し、キリスト教に救いを求めるようになります。彼女はしだいしだいに信仰を深め、ついに一八八八年にいたって、霊南坂教会で綱島佳吉(かきち)牧師（同志社神学校卒）から洗礼を受けました。夫は、キリスト教に批判的でしたので、彼女の入信は、一時は離婚騒動にまで発展しました。りんはひるむことなく、篤実な教会生活を続けます。

幼児教育と女子教育

その一方で、東京婦人矯風会（矢島楫子(かじこ)会頭）の会計や風俗部長、副会頭の職に就いたり、東京麻布に幼稚園を設立したりするなど、女性や子どものための社会活動に意欲的でした。

その後、夫の退官に伴い、一家して故郷に戻ります。一八九三年四月、若松に会津初の私立若松幼稚園（現若松第一幼稚園）を設立します。彼女自身も保母の資格をとります。福島県における保母第一号です。

ついで同年七月、私立若松女学校（現県立葵高等学校）を立ち上げます。

りんは、一八九七年にいたって、過労のために倒れ、肺結核に侵されます。京都、徳島、岡山などへ転地療養を試みます。が、体調を回復するまでには、いたりません。ただ、幸いなことに、晩年、夫の季昌が、洗礼を受けます。これも、信徒としての彼女の生き方に魅かれたからです。

りんは娘に事業を託して、翌年、死去します。葬儀は、キリスト教式で執り行われ、遺骨は浄光寺に葬られました。享年六十一です。死後、彼女の石像と歌碑が、浄光寺の境内に建立されました。
一方、季昌は、妻の死から五年後の一九一四年に七十歳で死去します。

若松賤子

捨松、りんに続く三人目のクリスチャンは、若松賤子（一八六四年〜一八九六年）です。会津出身の女性翻訳家として著名です。本名は松川甲子（かし）（嘉志子とも表記）で、賤子はペンネーム。「キリストのしもべ」という意味です。少女のおりに会津戦争を経験し、敗戦後は苦渋を嘗めた家庭生活を余儀なくされます。

会津藩は斗南（青森県）へ移封となったために、賤子の父親は、病弱の妻と二人の娘を残して、単身、下北半島へ移住します。が、その後、行方不明となってしまいました。一八七〇年には、頼みの母が病死したので、娘たちは親戚に引き取られました。

ついで、賤子は横浜の生糸商人、大川甚兵衛の養女となります。横浜では、「キダーの学校」（現フェリス女学院）で学びます。在学中、女性宣教師、M・E・キダーの感化を受けて、一八七七年に横浜海岸教会でE・R・ミラーより洗礼を受けました。

第一回卒業生として、学業を終えた彼女は、そのまま同校の教師となります。この英語塾には、後に会津から井深（いぶか）梶之助（明治学院総理）の二人の姉妹、たみ、とせ（後にフェリス女学院教師）なども入学しています。

賎子は一八八九年に、明治女学校教頭で信徒の巌本善治（いわもとよしはる）と結婚します。小説や随筆、翻訳などを、夫が主筆を務める『女学雑誌』や、徳富蘇峰の『国民之友』といった雑誌などに発表し、好評を博します。とりわけ、F・E・H・バーネット著『小公子』の訳（四十五回連載）は、評判が高く、彼女の名前を世に定着させました。明治女学校が焼失した直後、心臓麻痺のため急死します。バイオリニストの巌本真理は、孫にあたります。

八重の独自性

以上の三人のクリスチャン・レイディと比べると、八重（とくに新島八重）の存在感は、ここ福島県でもかなり薄い、と言わざるをえません。

近い将来、岩子や竹子と同様に、八重も今回の大河ドラマを契機に、記念館や銅像、あるいは石像が建てられるかもしれませんね。今のところ、生家跡地を示す小さな石碑が、目立たない形で密やかに立っているに過ぎません。

それさえも、観光ガイドブックや観光地図には、これまで一切、記載がありませんでした。碑は一九八九年に建立されました。場所は宮崎十三八（とみはち）氏（当時、会津史談会長）の私邸の門前（米代（よねだい）二丁目一番二十三号）です。ただ、最近の調査では、碑の立地場所が少しずれていることが、判明しています。

正確な八重情報を

今後、この碑を含めて、八重が正当に、また広く顕彰されるためには、八重研究が一層、深化し、魅力的な八重像が作り出されなければなりません。まずは、正確な情報発信からです。

きのう会津若松駅の観光案内所でもらった八重の資料（まだペラ一枚だけでした）を例にとれば、不正確な箇所が散見されます。

たとえば――京都に転出後の八重の動向に関して、「語学力の進歩も目ざましく、明治五年には京都府立新英学校となる洋学所の舎監兼教師となる」とあります。正確に言えば、学校名は「新英学校並女紅場（にょこうば）」、身分は「権舎長（ごんしゃちょう）并（ならびに）教導試補」です。

それ以上に、就職前に「語学力」（英語でしょうね）が進歩していた、とは思えません。当時の京都で女性が英語を学べる機会は、無きにひとしかったと思われます。八重が英語を系統的に学び始めるのは、女学校に就職してからです。ネイティブの同僚教員からじかに教えてもらっています。

同じく新島襄の情報も

ついで新島との結婚のくだりです。案内文には、新島は「神学士」として帰国した、とあります。実は、アーモスト大学を出た時の学位は「理学士」です。大学院（アンドーヴァー神学校）では、牧師になる資格はとりましたが、学位はもらっていません。今なら「神学修士」でしょう。

二人の結婚に関しては、「キリスト教風の結婚式を挙げた初の日本人」と記されています。カトリック（キリシタン）の式が江戸時代にすでに挙げられているはずですから、ここはプロテスタントに限定、それも「京都で初のプロテスタント式結婚式」となるべきです。八重の洗礼（結婚式の前日でした）に関しても、同様です。

同志社（英学校）という私塾を立ち上げた後、新島は山本覚馬（かくま）（八重の兄）の力添えもあって「同志社大学の設立に漕ぎつける」というのも、不正確です。事実は逆で、失敗でした。私塾が大学に昇格するのは、新島の死後二十二年目（一九一二年）のことです。つまり、八重の方は同志社大学の誕生をこの眼で見ることができましたが、夫には見果てぬ夢でした。

新島夫妻の享年も間違っています。裏は四十八才ではなく四十六才、八重は八十八才ではなく八十六才です。数え歳で記した戦前の記録に従った誤まりです。

小さなA４のペーパー一枚にもこれだけの不正確な記述が見つかりました。要は、基礎データをまずきちんと整備する、これが課題です。

このペーパーは、地元の月刊タウン誌『会津嶺（あいづね）』（二〇一一年七月号、あいづね情報出版舎）から転載されているとのことですから、原文がそもそも問題だったのです。

「八重の桜」のドラマ館

さきほど、講演会の前に室井市長から伺った話では、会津若松市は、来年一月の大河ドラマの放送に合わせて、「大河ドラマ館」を市内に同時にオープンさせたい、とのことでした。

一年間で六十万人の入場者を期待されているようです。それならなおのこと、正確な八重情報、引いては「会津のおんなたち」の底力と「日本女性の花」たる所以（ゆえん）をこの地から全国に発信していただきたいですね。

京都の八重情報に関しては、私もできる限りのサポートはさせていただきます。去年までの半世紀の間に、私は若松には二度しか来ていません。それが、ここに来て「八重の桜」のご縁で、この四か月だけで三回です。

来月には室井市長をお迎えして、私どもの学園では当市との間で包括的交流協定を結ぶことになっております。これまでの新島襄を介した群馬県との交流に加えて、新しい「絆」が東北との間に生まれることを心から歓迎いたします。

（新春講演会、福島県中小企業団体中央会・会津社会保険協会、会津若松・東山温泉・御宿東鳳（おんやどとうほう）、二〇一二年二月二八日）

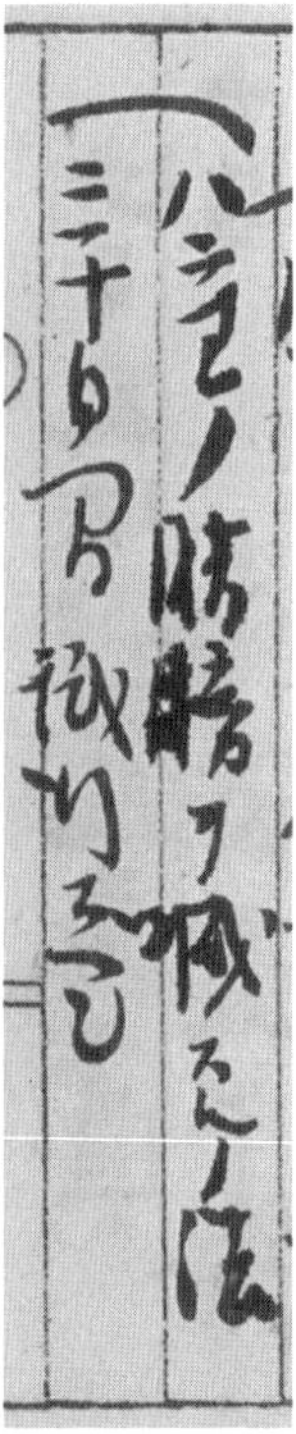
（八重ノ脂肪ヲ減スルノ法
三十日間試行スヘシ

「八重ノ脂肪ヲ減スルノ法　三十日間、試行スベシ」

新島が残した「漫遊記」の一節。東京で帝大教授、ベルツ医師の診断を受けた日（一八八八年七月九日）に認(したた)められている（⑤三四九）。ベルツから指示された処方を八重にも試行(トライ)させようと思ったのか、あるいは、ベルツに八重自身のダイエット法に関して、ついでに相談したのであろうか。八重は結婚して十二年目である。生徒から時に「相撲取り」と野次られるほどの肥満体であった。

新島の死後、二階への昇り降りが辛くなると、亡き夫の書斎を和室に改造して、居室とした（『ハンサムに生きる』一八一頁）。

晩年（一九二一年）のさる茶会でも、茶人仲間から「肥満刀自(とじ)」（刀自は、女史の意）と揶揄(やゆ)されている（筒井紘一(ひろいち)「圓能斎宗室と新島八重」一四〇頁、『千家茶道の継承　圓能斎鉄中宗室』、茶道資料館、二〇一〇年）。

八重の女子教育
――キリスト教教育と会津的教育の狭間(はざま)で――

「八重の桜」

今日は八重は八重でも、教育に関したお話をします。それも、ぐっとくだけた教育論です。大河ドラマ効果で、あちこちで八重が取り上げられる季節になりました。

たとえば、明日、発売される『サンデー毎日』で、いよいよ保阪正康「八重と新島襄」の連載が始まります。

さらに、ちょうど、昨日、「八重の桜」の脚本家（山本むつみさん）からメールをいただいたばかりです。年末に白虎隊記念館の館長さんと共著で出した八重の本（早川廣中・本井康博『新島八重と夫、襄』）を受取った、というお礼でした。

いま、戊辰戦争のあたりをいろいろと調べておられる最中らしいです。同志社から見て気になるのは、京都に出て来た八重が新島夫人としてどう描かれるか、です。

ですが、彼女の宗教活動と教育活動は、おそらくメインには据えられないのでは。どちらも、キリスト教に関連するだけに、NHKとしては、描きにくい分野でしょうから。

キリスト教教育

ドラマはさしおくとして、このテーマは、無視はできません。特に、神学部としては、です。そこで、今日は、キリスト教教育に関して、彼女の貢献度を見ておきたいと思います。

新島八重は、いろんな部門で先駆者(パイオニア)でした。教育の面で言えば、京都で最初に女子教育を手掛けた一人です。日本初の公立女学校(女紅場(にょこうば))の教員であるばかりか、キリスト教女子教育(同志社女学校)でも先駆的な実践者です。

時には「同志社女学校の生母」と持ち上げられたりします。ですが、同僚、あるいは先輩の女性宣教師たちから見れば、八重の信仰には疑問符を付けざるをえない。その結果、両者の間には不協和音が発生します。

「君に忠」

キリスト教やキリスト教教育の理解に関しては、夫であり、校長でもある新島襄から見ても、深刻な問題でした。早い話が、八重はかつて仕えた会津のお殿さま(藩主です)が大好きで、晩年まで「君に忠」に終始しました(本書七四頁)。

それに対して、新島はあきらかに異なる忠誠心を持っておりました。アメリカ留学中、新島は弟(双六(そうろく))への手紙で、こう忠告しております。

「日本で申す『君に忠』は、我が至聖(しせい)、救い主ジィエージュス〔ジーザス。イエスのこと〕の論ずる忠と大いに違い候」（③四〇）。
この差異は、八重には終生、飲み込み難かったのでは、ないでしょうか。この点は、八重以上に母親の山本佐久が問題です。この母子は、いちはやく信徒となり、初期の同志社女学校で宣教師を助けます。が、八重や佐久の教育実践は、主として会津をモデルにしてはいなかったでしょうか。

八重と母・佐久の教育活動

彼女たちの場合は、なにかにつけて、会津が出てきます。当時の同志社女学校の生徒の回想が、証言になります。

「山本覚馬氏、新島夫人の母堂は、女学部〔寄宿舎〕の二階に住まれて、生徒監督〔寮母〕、賄方の指図等をして居られました。私共は、お祖母さんと遊ぶ事が一番の楽しみで、暇さへあれば、会津戦争の御話をお祖母さんのお膝の周囲に集まって聞くのを悦びました。

新島夫人が、前夫〔川崎尚之助〕を助けて、会津落城の際に、雄雄しくも白鉢巻に白袴、薙刀脇に掻い込んで、駿馬に鞭打って、敵軍に進まれた様子は、何時も小さい胸中に美しく描かれ、籠城の兵士に握飯与へ様と持ち行く際、敵弾一発、あはや勇士の妻は斃れたと思ったのに、神の加護にか夫人は、微傷だに無く、飯のみが黒焦げになったと云ふ様なお話は、恰度、三つ、四つの頃、祖母の懐に抱かれて、桃太郎、かちかち山の御話を何遍となく聞いた様に、幾度も繰り返し、お祖母さんから聞くのを無上の楽しみにして居りました。

又、お祖母さんからは、弁当を作って戴いて、二人乗りの〔人力〕車に相乗りして、生徒全体で春は嵐山、秋は高雄に、桜、紅葉を見に行きました」（『創設期の同志社』三四四頁、同志社社史資料室、一九八六年）。

見られるように、きわめて日本的な教育が寄宿舎では行なわれておりました。そこでは、エリコの戦いや、マグダラのマリアが出る幕は、ほとんどないかのようでした。

お祖母さん

日本人生徒にとっては、「お祖母さん」こと、山本佐久は、実の祖母のような身近な存在でした。宣教師と違って、生徒たちからは大変、好かれました。女性宣教師からすれば、それこそが問題でした。軋轢の原因です。

もうひとつ、別の生徒の思い出を紹介します。

「土曜日には、芋や柿等を携へて、諸所の山々に遊びましたが、当時、恰度、今日謂ふ舎監の様な事をして居られました御祖母さん（生徒は皆、斯う呼んで居りました）は、前の晩に孫達の弁当を作って下さいました。

御弁当と申しましても、只今の学生が持って行く様な、御馳走ではありません。梅干や味噌漬けを握飯に添へて呉ました。朝早く、打連れて、吉田山等に出掛ける所を、二階の欄干に寄って、孫達が勇み喜んで門から出て行くのを、涙を流して見送って居られる其御様子が、今も猶、眼の前に見える様で御座居ます。

私共は、真の血をわけた御祖母様の様に、お祖母さん、お祖母さんと申し上げては、遊び戯れて、可愛がって戴きました」（同前、三三三頁）。

この佐久と八重は、母子一体です。二人は、女子教育にそれなりに力を入れました。ただし、宣教師から見ると、違和感が伴う会津色の濃いものではなかったでしょうか。

日本的教育

生徒同士の呼び名にしてもそうです。別の生徒の思い出です。「会津と云ふ処は、今尚、何子伯母さんと云ふ様に、名前を呼ぶ処でございます。新島先生母堂〔義母の佐久〕、新島夫人が会津の産であった故か、同志社女学校は、上下の区別無く、名前を呼んで居りました」（同前、三六九頁）。

女学校を担当する宣教師は、独身女性ですから、子どもや孫を育てた経験は、ゼロです。加えて、言葉や習俗の違いがありますから、生徒たちから母親や祖母のように親しまれる、ということはなかったようです。むしろ、生徒とは一線を画して、指導者として振る舞うことを心がけていたかも知れません。

女学校の教育内容の面でもそうです。開校当初は、女性独身宣教師主導です。彼女たちは、純粋なキリスト教主義を徹底するために、教育方法や学科目から日本的な要素を排斥しました。習字がそうです。英語での授業が主体ですから。「女らしい科目は一つも無く」といった状況でした。

女性宣教師との軋轢

当初、女性独自の科目としては、礼法（作法）がありました。女紅場時代の経験を活かして、八重がこれを担当したのですが、その期間は「一寸の間」だけでした（同前、三七四頁）。八重としては、女性、とりわけ日本女性としての身だしなみ、あるいは躾を意図したはずです。

けれども、八重が始めた礼法は、すぐに宣教師の反対にあって、消えました。思うに自分が会津の少女時代に受けた日本的作法を、そのままキリスト教主義の学校でやろうとしたからじゃ、ないでしょうか。

キリスト教教育に壁

佐久に関しても、こういうことがありました。彼女は賄い方（調理士）として、寮生の偏食や食べ物の好き嫌いに関して、厳しく指導すべき立場にありながら、わりあい寛容でした。「嫌ひの物は、何と云ふても仕方が無いから、と優しく言はれ、私にだけ別の食物をつけて下さいました」と学生も感謝しております。

ところが、賄いの責任者が変わると、そういう「わがまま」は許されません。それで偏食していた生徒は、仕方なく、梅干しと生姜を自分で買っておいて、おかずにしたといいます（『創設期の同志社』四一二頁）。規則に厳格な女性宣教師なら、後者の指導法を好むでしょうね。

たとえば、最初の宣教師、A・J・スタークウェザーは、学生から怖がられるほどの厳しい教員でした。「先生は恰度、御父様の様に厳格で、総ての事に非常に几帳面な、どちらかと云へば、怖い様に思はれた」といいますから（同前、三三二頁）。こういう宣教師にとっては、佐久や八重のやりかたは、学生を甘やかす間違った教育、と受けとめられたのでしょうね。

学生にしてみれば、佐久の方に懐きます。肉親的な温かみと優しさがありますから。ですが、これが宣教師の批判を買ったのでしょうね。やがて、会津の母娘は、キリスト教女学校の教育現場を離れざるをえませんでした。

旧藩主に忠誠

八重に関して言えば、宣教師が抱く教育方針やら教育実践との相違は、ほかにもあります。キリスト教主義の教育活動にとって、大きな特色は、神中心の生活をする訓練を施すことです。ところが、八重にしてみれば、かつて自分が奉じた藩主への忠誠心、むしろこれが出発点なんです。藩主（明治維新以後では旧藩主）の動向がいつも気になりました。おそらくキリスト以上の存在であったはずです。

戊辰戦争で敗者となった会津藩は、藩領を没収され、前藩主の松平容保は鳥取藩に預けられます。容保は、蟄居の身を解かれた後、一八八〇年には、日光東照宮の宮司となります。最期は東京で、一八九三年に死去しました。八重は、東京に出た機会には、松平家と接触を図ろうと努めています。

容保の後を受けたのは、養子となった喜徳です。久留米藩に預けられます。が、その後に容保に実子の容大が生まれましたので、会津松平家の家名存続が許されます。こうして、一八六九年に下北半島に新たに斗南藩として、三万石の領地を与えられます。しかし、二年後の一八七一年には、廃藩置県です。これにより、斗南藩は斗南県となり、容大は藩主も知事も、免じられます。

松平容大

その後、容大は東京の攻玉社に入学しますが、ほどなく同志社に転校します。京都に転じて、まだ正式に学期が始まる前に、若殿らしいフライングをやらかしてしまいます。大阪の遊郭に脚を踏み入れてしまったのです。容大の退学を阻止するために、会津出身の同志社在学生たちは、助命運動を展開します。その結果、クビはなんとかつながる、という騒動がありました。前途多難の船出でしたた（詳しくは、拙著『京都のキリスト教』二六一～二六二頁、日本キリスト教団同志社教会、一九九八年）。

ですが、結局、容大は同志社卒業には至らず、容保の指図で学習院へ転じます。けれども、そこも長続きせず、校則違反により退学処分を受けています。ついで、東京専門学校行政科（現早稲田大学）に入ります。ここは一八九三年、無事に卒業に漕ぎつけています。後半生は軍人、貴族院議員となっております。

会津出身の学生

会津出身者が、わざわざ京都の学校、それもキリスト教主義学校に入る、というのは、異例のように見えます。けれども、容大のようなケースは、当時にあっては、けっして特別じゃありません。

初期の同志社には、ある時期、会津からの入学生が十名以上、おりました。大半は、八重の兄、山本覚馬（かくま）の存在が、決め手です。彼らの集合写真が残っていますが、新島夫妻や覚馬も、ちゃんと写っております（本書五一頁参照）。いまなら県人会といったところでしょうが、その種の写真は、例の「熊本バンド」以外には、あまりありません。

若殿の同志社入学にあたって

この容大の入学については、送り手側の養育係とも言うべき会津藩の元家老、山川浩（ひろし）（山川健次郎、捨松の兄）が、新島校長に宛てた手紙で、懇（ねんご）ろに依頼しております。「旧藩主〔の容大〕は、未（いま）だ若年の事である故に、宗教上の教養に就（つ）いては、特に先生の御薫陶を仰ぎたい」といった意味のことが、記されていたといいます。この手紙は、新島の死後、八重が同じく会津出身の井深梶之助（明治学院総理）へ贈り、ついで井深から山川健次郎へと進呈されました（『追悼集』六、三七九頁）。八重としては、大事な宝物であったはずです。

容大に限らず、会津出身の生徒や学生は、八重にとっては、身近で心強い存在でした。夫妻で長期に家を空ける時など、留守番のバイトとして会津生（たとえば、鈴木彦馬）を頼むことがありました。

新春カルタ会

さらに、正月には、八重は自宅（校長住宅）で恒例のカルタ会を開催し、幾人かの学生を招待します。そういう折などには、会津生はお気に入りの学生として、まっさきに招かれたことでしょう。他方、かつての敵国、薩摩の学生には、なかなか声がかかりませんでした。カルタ会は、どこか会津人新年会といった性格を帯びなかったでしょうか。（本書一九五頁参照）。

ある年の正月には、自宅玄関に白虎隊の石版画（新作）を掛けて、新年を祝った、といいます。八重は、あろうことか、薩摩出身の学生にそれを見せ、和歌を作るように依頼しております。この学生は、かなりの年齢で、和歌の指導者でもありました。八重は版画を新調した人たちと旧藩主（会津に戻ったといいます）にその和歌を贈呈したい、というのです（『池袋清風日記』上、八頁、同志社社史資料室、一九八五年）。

以上から言えることは――八重は、会津的な教育を長く受けてきたために、キリスト教教育よりも、会津的教育を善し、としてはいなかったでしょうか。

この問題は、つまるところ八重のキリスト教信仰に係わる問題です。これについては、本書別巻二で、もう少し正面から分析してみるつもりです。

（同志社大学神学部講演会、クラーク記念館、二〇一二年一月二三日）

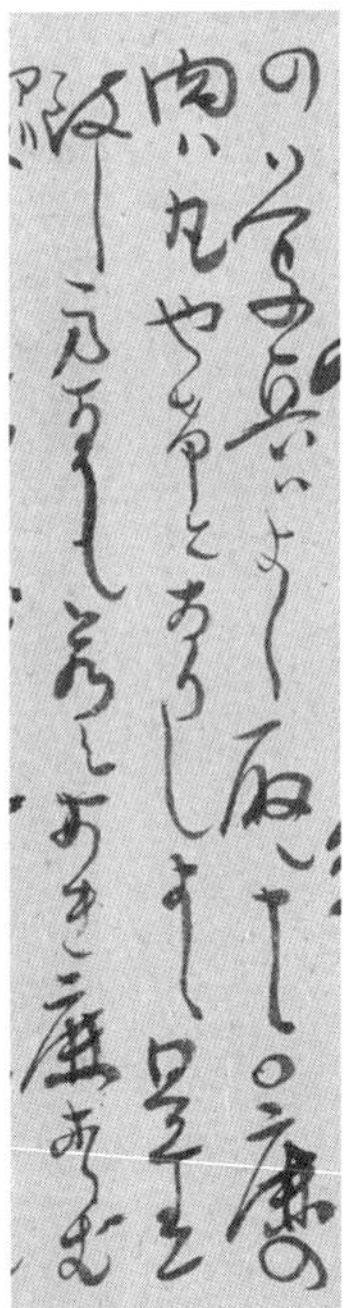

「鹿の肉ハ丸やけとなりしよし。是(これ)は致し方なし」

岡山県高梁から留守宅の八重に書き送った手紙中の一節（③一七二）。洋食好きの新島は、家庭でも八重に肉料理を所望した。肉の丸焼けの原因が八重の調理ミスであったとしても、新島にはそれを咎める気持ちは、まるでない。

この文言に続けて、彼はこうも記す。

「若シ、よき鹿あらば、後もゝ一ツ、御求メ、塩付ケ〔塩漬け〕ニ成し被下たし。パントリーニシ、の肉が塩ニ付けて有之候へハ、其は其儘、塩ニ入れ置被下度候」（③一七二）。

鶏肉や牛肉以外にも、新島は鹿や猪を食したようである。パントリー（食料庫）には、常時、肉が塩漬け貯蔵されていたことが、窺える。それだけに、彼は旅先からでも、肉の保存法について、嫁に細かく指示する亭主であった。

そうした新島にとっては肉食の習慣がない地方は、文明の遅れた地域にさえ見えた（⑤二一六参照）。

「二十一世紀の勢津子姫」
――八重と皇室――

いにしえ夢街道

ここは本学で一番高い校舎です。寒梅館と言い、七階にレストランが入っています。洛東の眺めが楽しめます。むこうに見えるのが、東山連峰ですね。三十六峰のうち、知名度では、大文字山と比叡山が突出しています。新島襄も新島八重も、あの山並みのひとつ、若王子山の頂に埋葬されています。私は五日前に会津から戻ったところなんですが、若松では東山温泉に泊めてもらいました。どことなく京都の地形に似ていますね。もしも、新島八重、いや、会津の方には山本八重子でしたね、八重子が、ここから眺めたとしたら、あの東山連峰のどこかに飯盛山を探すかも知れませんね。

皆さまは、東山温泉から白虎隊記念館にいたる三キロほどの街道、「いにしえ夢街道」と呼ばれているようですが、その街道筋で商売をなさっている方が中心、と聞いております。八重さんが取り結ぶ縁で、こうして本学との交流が生れるというのも、うれしいことです。大河ドラマ効果です。

大龍寺

ドラマ効果と言えば、皆さまの街道にも、今後、観光客が全国から押し寄せるでしょうね。白虎隊(たい)記念館はもちろん、大龍寺(だいりゅうじ)も、でしょう。ここには、八重が整理した山本家の墓がありますから。亡くなる二年前に、八重は最後の帰省になるかも、といった覚悟で、会津に帰りました。

地元の方なら、山本家のお墓以外に、このお寺が松平容大(かたはる)の誕生地であることも、すでにご存知ですよね。私から言うまでもなく、八重が戊辰戦争で生命を捧げた藩主・松平容保(かたもり)の長男です。

ですが、容大がここ同志社に入学したことは、皆さまにもおそらく「想定外」でしょうね。ウソじゃありません。ほんとに同志社に入学しています。八重は校長夫人として、元藩主の長男、つまり「若殿」を生徒に迎えたのですよ。彼女には、これはスゴイことです。会津にそのままいたとしたら、考えられないことです。だから、関係者と共にわざわざスタジオまで行って、写真をいっしょに撮っております（本書五一頁）。昔のお殿様に送るためでしょうね。

これは一例に過ぎません。要するに、会津の人にとっては、京都に行ってしまった山本八重子、つまり新島八重のことは、はるか遠くの存在です。別人とは、言いませんけれども、まるで月に帰ってしまったかぐや姫みたい、と受取られているのが、普通でしょうね。ちょっと寂しいですね。

けっしてそうじゃない、というあたりを、今日はお話してみます。

皇后が同志社女学校を訪問

一九二四年という年は、「明治人」・八重にとって歴史的な年になりました。新島襄の死後三十四年を経た同年十二月に、貞明(ていめい)皇后が同志社女学校を視察（当時の皇室用語では「行啓(ぎょうけい)」）する、という出来事が起きました。開校以来、類例のない慶事（おめでた）、というので、四か月後に、記録を後世に残すために女学校は機関誌、『同志社女学校期報』を、特別に「行啓記念号」（五〇号、一九二五年三月）として発行しました。

現在、女子部の校庭には、「皇后陛下行啓碑」が立っています。ただし、建立は視察されてから十三年も経た一九三八年のことです（ここではその理由には触れません）。同年十二月八日に除幕式が海老名弾正（だんじょう）同志社総長のもとで行なわれています。

大正天皇と同志社

ところで、貞明皇后は、大正天皇の妻であり、昭和天皇の母です。興味深いことに、大正天皇は、同志社や八重とかなりの関係があります。

まず、天皇の誕生地と同志社女学校の発祥地は、ぴたりと重なります。今の京都御苑にあった公家の柳原前光（さきみつ）の邸で、天皇（明宮（はるのみや））は生れました。維新後、東京に転出して空き家になったお屋敷を同志社は宣教師住宅として借り上げます。宣教師は、そこにミッション・スクールを立ち上げた、それが今の同志社女子部（中・高・大）の前身になる、という具合です。八重は、その間、教師として宣教師を助けます。

それから四十年ほど経った一九一五年に、明宮は京都御所の紫宸殿で即位の議（大礼）を行ない、正式に天皇になりました。八重は記念章（新島遺品庫蔵）を貰っています。「大君」への感謝を込めて、八重はこの時の想いを歌に詠んでおります。イースターやクリスマスでは考えられないことです。

　大君のめでたい御代に七十路の　歳重ぬる身こそ幸なれ

皇后を熱烈歓迎

その大正天皇のお后（きさき）が、誕生地を同じくする同志社女学校に視察にいらっしゃるというのですから、八重も感慨ひとしおだったでしょうね。そこで、「行啓」当時の消息を見るために、以下、先の記念号から、引用してみます。

まずは、手放しの喜びを示す記事です。「同志社全体の光栄」のみならず、「我が日本の基督教々（キリストきょう）徒全体の光栄」である、と受け止めています（九頁）。キリスト教や信徒に対するかつての迫害やいじめを思うと、感無量だったはずです。すなわち――

開校「当時尚、京都土着人は、旧慣に泥（なず）み、一人の生徒をも同志社に托する者はなかった。〔中略〕〔それが〕今や、我日本の社会が、我が同志社に対し、我基督（キリスト）教に対し、漸く公認せんとするに当り、陛下は進んで、其裏書を賜うた次第である」とあります（一一頁、一二頁）。

ちなみに、一連の報道記事は、「陛下」や「天皇」といった皇族関連の文字の前は、敬意を表するために一字空ける、という「欠字」の慣行を、同志社もきちんと守っています。

キリスト教学校の「公認」

「公認」とは、広く皆から認知された、ということです。「行啓」はまるでクラスのいじめられっ子が、選挙で票を集めて、クラス委員長に選ばれたようなものです。当時の歓迎ムードをある同志社女学校教授は、こう伝えています。

「私は校長より我校に　国母陛下の行啓あらせ給ふと聞くや、私が既往に受けし不法の迫害、聞き及ぶ信徒の屈辱、交々一時に念頭に迫り来ると共に、有り難き感泣に咽んだのであります。其の後、此度の行啓は、　陛下親ら新島〔襄〕と云ふものの創立した女学校に行って見たい、との仰よりの事である、と漏れ聞くに及んで、何とも云ひ知れぬ感に打たれたのであります。〔中略〕

陛下の我が校に行啓遊ばされしは、明治、大正の短かからぬ年月の間、我等信徒が、世人より嫌悪せられ、迫害せられし、不法の差別待遇を打破し給ひし事にて、単に我校の光栄のみでなく、実に我国キリスト教界の維新と云ふべきである」（一六頁）。

「嗚呼、ザビエル来たりて幾百年。かたじけなくもキリストの教は、今日しもわが雲上に達したのである。天草、島原の乱に犠牲の命を捧げた殉教者、踏絵の磔刑に主に殉じた幾万の人の霊は、今しも如何に感激し、如何に歓喜するであらう」（三八頁）。

貞明皇后が女学校視察

「ザビエル以来の出来事」とか「我国キリスト教界の維新」とは、なんともはしゃぎすぎ、というか、舞い上がり過ぎです。ですが、キリスト教がそれ以前から、社会的には少数派（マイナー）であり、主流や世間からずっと苛められてきた暗い過去を思うと、そうとも言っておれません。喜びたくなるのも、無理ありません。

そして、いよいよ視察の日です。緊張の一瞬ですね。

「展覧室にならせられた時、新島襄先生の写真の前では、おそれ多くも、うやうやしい御態度を遊ばされた。『この写真は、いつ頃とったのか』との御仰せに、海老名〔弾正〕総長、『四十こした頃と思ひます』と御答へ申上た。

『早死をして残念であった。今まで生きてゐたら、さぞ喜んだであらう。それでは、これが故人の絶筆ですね』と御感深く、新島先生の筆跡をみそなはした」（四〇頁）。

貞明皇后に「拝謁」

八重も女学校で貞明皇后を迎えたひとりです。出迎えたというより、「拝謁」を許された数人のひとりです。ジェームズ館二階に設えられた御便殿（控え室）で八重は、海老名総長夫妻（夫人の海老名みやは、旧姓が横井。横井小楠の娘）、D・W・ラーネッド、M・F・デントンと共に、特別に面談が認められました。

デントンという女性教員は、同志社女学校にとっては、八重以上の存在ですね。創立者以上の功績者ですから。ラーネッドも同志社（男子校）で半世紀にわたって奉仕した、という大功労者です。

日本大好きのデントンは、この日、くりかえし、くりかえし、「ああ、行啓、同志社、新島先生」と言って、「ありがたさの涙にむせばれた」といいます（三七頁）。同じように感激した生徒たちの中には、永久の記念にと、皇后の「玉歩のあとの白砂を紙に包」んだ、といいます（四三頁）。今では、想像もつかないほどの感激であり、歓迎振りです。

八重もこの時、皇后に出会えた喜びを学内誌に寄せています。次に本文をそのまま引いてみます。

八重の感想

「御前約一間半（二・七メートル）のところで最敬礼を致しましたところが、陛下が『進め』とおっしゃいました。あまりのかしこさに、夢中で『ありがたう存じ上ます』と申上ました。大森太夫も、『進みなさい』と申されましたので、六尺（一・八メートル）まで進みました。陛下が重ねて、『もう少し進め』と仰せられました。おそれ入りつつ、御卓子前、四尺（一・二メートル）までまゐりました。

『色々骨折ったので、よい学校ができて幸い』とありがたい御言葉を賜はりました。大森太夫は、私が日清、日露の戦役に、赤十字に〔篤志看護婦として〕働いた事を申し上げられましたので、『それは御苦労であった』と仰せられました。私は、耳の遠い事を気にしながら、おそるおそる玉顔を拝礼しますと、大へん御笑いひになって、『老齢を大切にせよ』と御やさしく仰せ下さいました。私は、ただただありがたさ、貴さに目がくらむやうでした。実に身にあまる光栄でした。〔中略〕

この度、皇后陛下の行啓の光栄にあって、さぞ在天の襄は、喜んでゐる事と、自分が拝謁した以上、私は喜ばしく思ってをります」（四四～四五頁）。

公的には、皇后の同志社視察は、キリスト教教育、ひいてはキリスト教の「復権」を意味しました。一方、八重にとっては、それを越える私的な意味の方が、はるかに大きかったはずです。戊辰（ぼしん）戦争（会津戦争）の「敗者」、「逆賊」（天皇に刃向（はむ）かった朝敵）であった自分が、皇后に「拝謁」し、言葉を直接に交わせたことは、皇室からあらためて認知してもらったも同然、という気分だったでしょうね。この日は、「朝敵」返上の日になりました。

昭和天皇の大礼

貞明皇后の同志社訪問に続いて、翌年（一九二五年）は昭和天皇の大礼です。八重は、この時も、記念章（新島遺品庫蔵）を授与されています。皇室への敬慕が篤い八重は、さっそく歌を詠んで、「大君」から受けた喜びを表明しています。かつての主君（藩主）もそうでしたが、八重は大君（天皇）も大好きです。

数ならぬ身もながれへて大君の　恵の露にかかるうれしさ

昭和天皇が、貞明皇后の長男であることを思えば、よくよく貞明皇后との繋がりが深いことを思い知らされます。

大正天皇第二皇子の結婚

貞明皇后の「ご利益」は、これだけで終わりませんでした。四年後に、さらに大きな慶事が起きました。今度は、会津の復権です。

会津戦争からちょうど六十年を経た一九二八年一月十八日、八重を狂喜させる出来事が起きます。松平節子（成婚にあたり勢津子と改名）と秩父宮との婚約発表です。容保の六男で外交官の松平恒雄（本書一七七頁参照）の長女と大正天皇第二皇子とのカップル誕生です。結婚式は、九月十八日でした。

会津出身者を皇室に迎えることに対して、政府の一部には、「朝敵の娘を皇室に入れるのは、望ましくない」との反対意見もありました。しかし、この結婚により、「朝敵会津藩の復権」をはかりたいという積極的な意図の方が、最終的にものを言いました。

貞明皇后の判断

最有力の陰の仕掛け人は、大正天皇の后、貞明皇后だと言われております。であれば、皇后は、またも八重を狂喜乱舞させたことになります。思えば、大正天皇夫妻は、同志社によくよく縁がある皇族ですね。

大正天皇の生母は、柳原愛子と言います。（先にちょっと触れたことを、もう少し詳しく言いますと）兄の柳原前光が保有していた京都の邸宅（現京都御苑内）は、一八七五年に同志社が借家し、宣教師（後に同志社教員）のＪ・Ｄ・デイヴィスを住まわせます。

翌年、そこにミッション（アメリカン・ボード）は、ささやかな女子塾を開設します。これが、のちに同志社女学校（現・同志社女子中高・女子大）に発展します。新島と結婚したばかりの八重は、ここでの女子教育を母と共に手伝います。すなわち、八重は脇役ではありましたが、「同志社女学校の生母」のひとりなんです。

会津では「逆賊」返上

八重と大正天皇家とは、不思議な縁（えにし）でつながっています。そのハイライトが、一九二四年に起きた勢津子姫の結婚です。

八重や勢津子の地元、会津では、松平家が皇室と縁戚関係になることは、「朝敵」の汚名を一掃する千載一遇の機会として、大歓迎されました。地元での慶祝行事は、三日間にわたりました。

勢津子一家を迎えるために東山温泉・新瀧旅館に別館が新築されました。会津の市民は、「道路の砂利まで一つ一つ」磨いて歓迎する気持ちであった、と伝わっております。

重陽閣

この時に新築された別館が、いまは重陽閣（ちょうようかく）として御薬園（おやくえん）に保存されています（本書口絵⑦）。このあたりのことは、地元の皆さまの方が、よく御存じですね。ガイドブック的に言えば、御薬園は、もともとは藩主・松平家の別荘で、現在は国指定の名勝に指定されています。私は、五日前に訪ねました。何十年振りかで長靴を履いて、雪の中を、です。室内に展示されてる資料も、感慨深く観賞してきました。

まとめます。重陽閣は、一九二八年に松平節子一家が会津に来られた時に、東山温泉の新瀧旅館に、別館として新築されました（私が泊ったのは、その近くの御宿東鳳（おんやどとうほう）でした）。それが一九七三年になって、御薬園に移築されました。その時、秩父宮妃殿下（ひでんか）が、自分の誕生日、九月九日（重陽の節句です）にちなんで現在の名前をつけられたそうです。

建物の玄関近くには、彼女の記念碑（レリーフ）が立っています（本書口絵⑧）。

容保も住む

さらに、彼女の祖父、松平容保（かたもり）もかつてここに住んだことがあります。鳥羽伏見の戦いに敗れて、京都から江戸に落ち延びた後、いったんは帰郷します。が、鶴ケ城には入らず、御薬園でしばらく蟄（ちっ）居（きょ）しました。

その後、東京に移りますが、一八八三年に容保は一家してようやく会津に戻ります。御薬園に新居（現御茶屋御殿）を建て、数年間、ここで暮らしました。

その意味では、ここは八重と間接的な関係が濃い場所です。八重も、帰省の時は、飯盛山や大龍寺だけじゃなく、新瀧旅館や御薬園を訪ねたかも知れませんね。八重との関係が分かれば、皆さん、「いにしえ夢街道」コースに組み込まれては、いかがですか。

単身、東京へ

勢津子姫に戻します。彼女の結婚は、八重にしても、待ちに待った朗報です。大慶事です。いわば、クリスマスとイースター、いやお正月とお盆がいっしょに来たようなもんです。彼女は、京都にじっとしておれなくて、八十歳を超えていたにもかかわらず単身で、東京へ向かいました。松平家へ祝意を述べるためです。「八十に余りても、尚ほ壮の者も及ばぬ元気におはし、往にし年、旧藩公の姫君、秩父宮妃殿下に定まうせ給ひしをりなど、付添の人を伴はで、東京に出て、逸早く御よろこびの路を上られし」と賞賛されました（『追悼集』五、七九頁）。

本人は三等車に乗って単身で、と言い張ったのですが、さすがに周囲の者が心配し、なんとか二等車に乗せるために必死でした（本書九〇頁）。

東京では、日本女子大学を訪問しております。「明日は女子大学に出講の予定」と別の所で言っております（本書九〇頁）。時の学長、麻生正蔵（新島の教え子です）からでも頼まれたのでしょうか。女子大で撮った肖像写真が、会津市立図書館に保管されています。

暗雲が晴れる

それにしても、東京行きを単身敢行したこの時が、会津人としての八重が、もっとも輝いていた瞬間かも知れません。この年に書かれたと思われる「萬歳萬歳萬萬歳」の書（本書二〇一頁参照）が、彼女の気持を百％代弁しています。生命を掛けて守ろうとした「旧主人」（旧藩主）の孫の幸せは、八重自身の幸せでもあったはずです。

八重は祝歌と共に、その時の心境を詠んだ歌を残しております（『追悼集』四、三一二頁。同前六、三七三頁）。

　六十年前の戊辰を偲びて
　　六十（むそ）とせのむかしをかたる友もなく　あはれさみしきこほろぎのこゑ

　御慶事をききて
　　幾年（いくとせ）か峯にかかれる叢雲（むらくも）の　晴れてうれしき光をぞ見る

後者の作品（本書口絵⑥参照）からは、会津戦争以来六十年、常に心を覆っていた群雲（むらくも）が、ようやく晴れたその嬉しさが、私たちにも伝わってきます。さぞかし格別のものだったのでしょうね。「朝敵」返上の瞬間を生きて迎えられた気分は、ほんとに爽快だったと思います。

その一方で、前者の寂しさは、対照的です。異郷で暮らす会津人の、どうしようもない孤独感と寂寞（せきばく）感が、漂っています。

「二十一世紀の勢津子姫」

それにしても、今回、ＮＨＫはそうした会津人の八重を大河ドラマの主役に据える、という英断を下しました。これは、実に意義深いことですね。かつて、勢津子姫が、会津の復権のために大きな力となったように、今度は八重が「福島元気印」に担ぎ出されたのです。

その意味では、八重はいわば「二十一世紀の勢津子姫」です。かつての姫と同じ役割を負わされたような気がしてなりません。八重にして見れば、「福島を元気にする」ための大河ドラマ「八重の桜」が、愛してやまなかった会津への恩返し、ひいては「福島の復権」ともなれば、本望でしょうね。

戊辰戦争や京都で八重が闘ってきた様々な労苦が、ようやく報われることになります。十九世紀のあの激戦をくぐりぬけた八重は、二十一世紀に不死鳥のようによみがえりました。

「福島の復興なくして、日本の復興なし」―私は野田首相じゃありませんから、こんな大見え切った科白（せりふ）は言えません。ので、代わりに、そっとつぶやきます。

「会津の復興は八重の復権から」と。

（NPO会津地域連携協議会懇談会、同志社大学寒梅館六階大会議室、二〇一二年三月五日）

兄・山本覚馬
――八重と学生から見た覚馬――

忘れられた文化人

山本覚馬は、なかなか有名人になれません。すごい人なんですが、ねぇ。『心眼の人　山本覚馬』（恒文社、一九八六年）という小説にもなっていますが、刊行から二十六年が経つというのに、あまり読まれているとは、思えません。で、作者の吉村康氏が、こう嘆かれています。

「同志社を創立した新島襄の名前は、たいていの人が知っているが、その陰でほぼ等量の役割を果たした山本覚馬という結社人がいたことを知る人は、きわめて稀である」。

今でも、ですよ。一年前に出た会津の地元誌、『会津人群像』（一九号、一一頁、歴史春秋社、二〇一一年四月）にも、同じような指摘があります。

「洛楽キャンパス」でも

じゃ、京都ではどうでしょうか。同じです。「彼が半生をかけて復興に尽くした京都でも、没後百二十年が経ち、いまやその名を知る人は、ほとんどいない」というありさまです（同前）。

今日は、同志社大学今出川キャンパスを会場にした「洛楽キャンパス」プログラムのうち、「新島襄と八重ゆかりのスポットをめぐる」ツアーです。地元市民のほかにも、遠方から参加された方も多数いらっしゃる、と伺っております。京都市民に限定しても、新島夫妻はともかく、山本覚馬の名前は、どこか遠い空の彼方(かなた)じゃないでしょうか。ですが、新島夫妻は、覚馬あっての夫妻です。今日は、新島夫妻のかげに隠れた覚馬にスポットをあてて、お話しいたします。

来年、大河ドラマの「八重の桜」が始まれば、八重効果のおかげで、兄の山本覚馬の名前も自動的に上昇するはずです。むしろ「準主役」として、新島を差し置くほどの出番があっても不思議じゃありません。ただ、今はまだ無名です。

のちほど案内します同志社チャペルには、正面に三人の同志社創業者の肖像画がかかっています。その一枚が、覚馬です。ですが、教職員を含めて、あまり注目されません。その証拠に、十年ほど前に、新校舎に「覚馬館」と命名することを提案しましたが、不採用でした。覚馬は、学内でもその程度の扱いです。

で、同志社にとってもキーパーソンである山本覚馬について、今日は少し詳しく人となりを紹介いたします。覚馬の復権のためには、妹の新島八重の資料が、有益です。なぜかと申しますと、彼女の回想録の中に、兄の思い出がチラチラ混じっているからです。

『新島八重子刀自(とじ)懐古談』から

新島八重の回想録の中でも、とりわけ『新島八重子刀自懐古談』は、貴重です。八重の最晩年の資料というだけじゃなくて、資料的に実に興味ある内容だからです。

序、第一部、第二部の三部から構成されています。本書でも先に第二部を紹介しました（本書七三頁以降）。主として会津時代、というより戊辰戦争の従軍体験が、なまなましく語られていましたね。で、ここでは、残りの序と第一部を紹介します（吉海直人「『新島八重子刀自懐古談』の紹介」一〇四～一〇七頁、『同志社談叢』二〇、同志社社史資料室、二〇〇〇年三月）。翻刻のやり方（凡例）は、第二部に準じます。

まず序では、八重の略歴とインタビュー当時の消息が、編集者によって記されています。

ついで第一部です。ここには、身体障がい者である兄の覚馬を介助しながら、兄に付き添って東京へ出張した折の消息が、語られています。覚馬は、目が不自由なため、自ら記録できません。そのため、彼の記録は極端に少ないのです。

東京で名士を歴訪

その分、八重の回想は、記録としては大変、貴重です。この兄妹が、東京に出張したのは、いわゆる「小野組事件」（一八七三年）の解決と陳情のためでした。京都の豪商、小野善助が、東京への転籍を不許可とされたことに不服を申し立て、槇村正直府知事を訴えた事件です。この事件は中央の政争にまで発展し、そのために、一時、知事が拘留されるという事態にまで、発展しました。

このとき、京都府顧問であった覚馬は、京都府知事を救出するために、最後の「切り札」役を期待され、「出馬」を要請されました。東京に五か月間、滞在し、身体の不自由さを押して、あちらこちらと有力者詣でをいたしました。

この「回顧談」には、岩倉具視（ともみ）、江藤新平、勝海舟、木戸孝允、徳川斉昭（なりあき）（水戸公）といった有力者が出て来ます（詳しくは、拙著『新島襄の交遊』一三七～一三八頁、思文閣出版、二〇〇五年を参照）。

江戸や長崎での交流

山本覚馬の思想は、例の『管見（かんけん）』（山本覚馬建白）にもっともよく表白されています。彼の開明性と先進性は、当時の知識人のなかでもひときわ群を抜いています。目立っています。

その背景には、彼が当代一流の文化人と接触したことが、挙げられます。江戸時代で言えば、江戸で江川太郎左衛門、佐久間象山、勝海舟、武田斐三郎（あやさぶろう）といった人たちです。

長崎にも鉄砲の買い付けと眼の治療のために出かけております。かの地では、外国人との交流が目立ちます。オランダ人医師のA・F・ボードウィンやC・レーマン（ドイツ人商人）、T・B・グラバー（スコットランド商人）、K・W・ハラタマ（オランダ人化学者・医学者）といった名士たちです。

京都における交流

さらに京都に移ってからは、木戸孝允、岩倉具視、江藤新平、福沢諭吉、西周（にしあまね）から様々な影響を受けます。覚馬は、こうした人たちとの交流を通じて、しだいに独自の見地を開拓していきます。

京都に落ち着いてから、身体（眼と脊髄）の障害が悪化するに至った覚馬には、介添人として八重が付き添う機会が何度かありました。この結果、八重自身も当時の名士たちに直接、接することになります。このことは、八重伝のなかではとかく無視されがちです。ですが、彼女の行動半径の広さを測る意味でも、大事な事実です。

たとえば新島は、欧米で「岩倉使節団」に団員となって協力しながらも、正使の岩倉には会う機会が、ついにありませんでした。それに対して、八重は覚馬と共に岩倉にも個人的に面談しております。さらに新島が一度も会えなかった福沢とも、覚馬は面識がありました。福沢の『西洋事情』もちゃんと読んでもらっていたようです（同志社大学図書館整理課編『新島旧邸文庫所蔵目録』八四頁、同志社大学図書館、一九五八年）。

八重にとってのキーパーソン

キリスト教に関しても、覚馬はアメリカ人宣教師から学びます。とくに大阪在住のＭ・Ｌ・ゴードンの指導は、大きかったと思います。八重にも同じように勧めます。ついで、日本人宣教師であった新島と出会うことにより、八重ともども指導を受ける機会が増えた、と思われます。八重と新島の結婚の仲を取りもったのは、（前夫の川崎尚之助の場合と同じく）覚馬です。

その意味では、八重の周辺でもっとも大きな力をふるった人物は、明らかに覚馬です。大河ドラマでも「出まくる」と思います。「八重の桜」は、福島を元気にするためのドラマですからね。三年前の同志社東京講座（二〇〇九年七月一〇日）で「山本覚馬と八重」についてレクチュアした時には、想定すらできないほどの持て方になるはずです。

では、以上のことを頭に入れて、八重の回想に耳を傾けてください。

序

「同志社の聖母として敬はれたる新島八重子刀自（とじ）は会津藩士、山本家に生れ、〔数えで〕二十四歳の時、会津戊辰の役に籠城中、女丈夫として知られ、後（のち）新島家に嫁（か）し、日清、日露の役には、篤志（とくし）看護婦として、皇軍の為（ため）、貢献せられ、その勲功に依（よ）り、勲六等に叙せられたる人なり。

刀自、今年八十八歳〔数えでは八十六歳〕の高齢なりしも、元気旺盛、壮者を凌（しの）ぎ、昨年〔一八三二年〕までは下婢（かひ）〔家政夫〕を置かず、〔敷地一千坪の〕かの広大なる邸宅〔新島旧邸〕に独居し、朝風呂を好める刀自は、毎朝午前四時、起床、自ら浴を立て、拭掃除（ふきそうじ）、炊飯は固（もと）より、身回（みのまわり）一切、自ら弁ぜられたりと聞く。

本編は、我が京都附近配属将校研究会の資料として、刀自と相識（あいし）れる会員某（ぼう）が、刀自に懐古談を乞（こ）ひ、速記したるものなり。尚一両回、推敲（すいこう）の筈なりしも、突然、逝去せられ、永久聞くを得ざるに到りしは、実に遺憾とする所なり。又、筆者、浅学の結果は、誤聞、遺漏（いろう）、尠（すくな）からざるを患（うれ）ふ。幸に諒とせられんことを」。

（一）

岩倉具視

「新島八重子刀自は、当時を追想しつつ、徐に語られました。

徳富〔蘇峰〕さんが、岩倉〔具視〕さんのお話をなすったそうでございます。私は、岩倉さんと、直接、お目にかかりましたのは、明治六〔一八七三〕年でございました。

私の愚兄〔山本覚馬〕は、盲目でございまして、岩倉さん、木戸〔孝允〕さん、江藤新平さん、あの人達の所へ度々参りました。兄は若い時には二十二貫〔八十二・五キロ〕程、目方がありまして、其時分では随分、重い身体でございました。私が力があったものですから、兄が人力車から降りる時には、兄を肩に掛けて、御座敷へ入りました。

水戸公〔徳川斉昭〕の屋敷等、方々へ参ります時には、いつも御伴を致しましたことでございます。行政裁判所が開かれましたのは、兄が法律をやかましく云って、始めて出来たのでございます。

其時、岩倉さんの御宅へ行きました。岩倉さんは、私の様な者にも、極く丁寧にお話なすって下さいました」。

明治天皇

「恐れ多きことでございますが、明治二十三〔実は翌年の一八九一〕年、大津事件〔ロシア皇太子殺傷事件〕の為、明治天皇　〔天皇への敬意のために、一字空ける。いわゆる欠字〕が京都ホテルの日本建に行幸遊ばされました。私が寺町の角を出ました時、明治天皇　がお出ましになりました。ただ二、三人の騎兵が先に立って、恐れ多い事には、極くお手軽にお出ましになりました。巡査が居て、私に『シッ』と云ひましたので、陛下を見上げて奉った位の事でございます。其時に限って、陛下の御顔が下って居りまして、御馬車の中で如何にも御心配らしく、岩倉さんにお話を遊ばされていられました。

明治天皇　の御顔がずっと下っていますのを拝しました時には、何とも申上げ様がなくて、これ程までに御心配遊ばすかと思ひましたら、只、落涙致しまして、御後を御見送り申上た次等でござりまして、それから三十分とたたないうちに、御帰りなりました。

陛下　と岩倉さんも、京都ホテルへ御帰りになりましたが、其心配の御様子といふものは、今考へても、覚えず落涙致すのでございます。（刀自は暗然として、端座瞑目せらるること数刻）。もうお亡くなりになってから、五十年になります」。

江藤新平を訪ねる

「先日、徳富〔蘇峰〕さんのお話を承って、大変昔を思ひ出しました。つひ方々へお伴を致して、東京に居りました時には、水戸公へも度々、出ました。それから江藤新平さんの所へも出ました。木戸さんは、御存じの通り、ああいふお方でいらっしゃいまして、まことに居心地の良い方でございましたが、行きまして、いやだと思ひましたのは、江藤新平さんのお宅でございました。

誠に殺伐なお家で、〔歩けない〕兄を〔背中に〕負うて廊下をずっと行きますと、障子がずっと破れて居ります所に、書生さんが沢山、居りました。戦争上りのお転婆娘でございましたが、かうして兄を負うて歩くものですから、珍らしがって、皆よく障子のきれた所から、御覧になりますのは、いやな感じの起るものでございます。

其の後、佐賀の騒動〔佐賀の乱〕でお亡くなりになった時〔一八七四年四月十三日〕に、よく兄が話しました。『江藤さんも、とうとう獄門に上げられてしまいましたが、いやなお家でございましたな』と度々（たびたび）、話した事でございました。兄は人より大きな眼をして居りましたが、内障（そこひ）で眼が見えないから、人さんの申される言葉の御様子がわからないので、いやな顔をされる事は、私が見て居って云いました。嘗て（かつ）『江藤さんは、お兄さんのお話をあんまり御心よおく、聞きにならない様でございました』と申しますと、『そうかな』と云って居りました」。

勝海舟

「それから後、お逢ひ申した方は、勝〔海舟〕さんでございました。誰にでも、私の様な者にでも逢はれます。お暇でございますので、お客様が御飯を頂かないで帰るのが、大変お嫌ひでございました。

それで、二十三〔一八九〇〕年に裏が亡くなりましてから、勝さんの所へ徳富〔蘇峰〕さんに連れられて参りました時は、よく色々のお話をなすって下さいました。

裏の石碑〔墓碑銘〕の文字を書いて頂きましてございますが、其時（その）も色々のお話を伺ひました。あいふお方に、もう一度お目にかかり度（た）いと、よく思ふのでございます。其時、お扇子〔現在、所在不明〕を頂いて参りました。

『友はみな、はかなくなりて』

一寸（ちょっと）忘れましたが、と云ふ歌を書いて頂きましたのを持って居ります。色々の短冊をも其時、書いて頂きましたが、これ〔新島旧邸応接間に懸かっている『六然（りくぜん）の書』か〕も勝さんの家で書いて下さった〔後の物を指して〕ものでございます」。

以上、八重の回想録に見る山本覚馬の消息でした。

学生（松尾）が見た覚馬（一）

では、次に、同志社の学生が覚馬をどう見ていたか、を紹介します。今でいうと、学園の理事でありながら、人前にそう立つわけでもありませんから、学生は普段、覚馬になかなか接することができません。それだけに、彼らの回顧談はそう多くはありません。

ですが、残っているのを読む限り、学生たちは、ちゃんと人物を見抜いております。えらいもんです。まずは、松尾音次郎という学生が見た覚馬です。一番、詳しいので、これから見ておきます。

「新島先生夫人の兄君で、盲目の上ニ脚のたたなかった人である。目の見えなかった為め、新島先生の命に依って、私は十九〔一八八六〕年九月から二十二〔一八八九〕年六月、即ち私が神学生となってから卒業する迄、聖書を読んで上げた。然し、新約〔聖書〕全部を終わらぬうちに、私が学校を出てしまった。

時々、翁は、聖書を読んだ後ニ、自分の経歴を話して呉れられたので、よく記憶して居る。其のうちの一つの話は、翁が盲目ニなられてから、維新〔一八六八年〕の当時であったが、其の当時、浪人らしい男が来て、翁に対面し度いと云ふ故、会ふと其の男が妙な事を云ふので、翁は大声ニ怒鳴りつけた。そうすると、其の男は、一生懸命ニ逃げ出して終った。

処が其の後、其の男が山口で捕まへられた時、当時、山本覚馬翁ニ怒鳴られた時位、今日迄、恐ろしく思った事はなかったと話した、と云ふ事である」。

学生（松尾）が見た覚馬（二）

「翁は維新前には、槍の師範をして居られた。処が、維新後〔実は、維新前に〕、〔鉄砲・大砲の〕砲術師範となった。それは、槍は唯一人しか相手にしないで、鉄砲は大勢のものを同時に相手とするので、武器としては、後者が進んで居る、と考へたからである。

然るに、其の後、いよいよ世が進んで来るに従って、砲術などよりも、もっと社会的の貢献をする学問をせねばならぬ、と考へて、法律、経済を研究して、この方面ニ於けるオーソリティーとなったのである。〔失明後、刻苦勉励して教授、国会議員、大臣となった〕英国のフォーセット〔Henry

Fawcett〕に比較せられて、日本のその人〔日本のフォーセット〕を以て許された。然るに其の後、法律、経済を以てのみでは、国民が治まるものでないと云ふ事を考へられて居た際ニ、新島先生が帰朝せられて、勝安房〔海舟〕ニ遇ひ、其の紹介で〔事実不詳〕山本覚馬翁ニ遇ハれる様になった。勿論、新島先生は熱心の方故、〔覚馬に〕伝道せられて、遂に信者とせられたのである。

一体、新島先生は、同志社を大坂に起さんと云ふ考へを抱いて居られた。処が、山本翁は、京都ニ置くと云ふ考をもたれて、種々、奔走の結果、京都ニ定められたのである。今の同志社の敷地も、山本翁の世話で、極く廉価に手ニ入れた、と云ふ事である」(『創設期の同志社』二二八〜二二九頁)。

以上、松尾音次郎が回想する山本覚馬の消息です。松尾の回想は、小さな記憶違いがあるにはありますが、内容は多岐にわたり、実に豊富ですね。さすがに二年九か月もの間、覚馬家に定期的に通っただけに、直伝の話が満載ですね。

新島は、覚馬と共に同志社を開校させた直後から、覚馬のために学生を自宅に派遣して、秘書かたがた、聖書やキリスト教の勉強の手助けをさせています。送る方も偉いが、送られる方もさすがですね。孫のような学生から、指導を受けようというのですから、見事です。

家庭教師

最初に送りこまれた「家庭教師」は、同志社英学校開校の時に最初に入学した男子八人組のひとりです。中島力造(りきぞう)です。同志社を中退して、東京で津田仙の学校（学農社農業学校）で働きます。そこからイェール大学に留学し、帰国後は、やがて帝大（東大）教授になります。「日本倫理学の父」と呼ばれるほどの、大きな仕事をします。その中島が学生時代、新島から抜擢されて、まず山本家に送り込まれます。

それから十年を経て、新島が二度目の渡米中のことですが、覚馬が洗礼を受ける時期が、いよいよ迫って参ります。

すると、同志社教員（宣教師）のJ・D・デイヴィスが、直々に個人レッスンを施すようになります。デイヴィスは、毎週の日曜朝に山本家を訪ね、「ヨハネによる福音書」を覚馬のために講義します（『新島先生記念集』二三二頁、同志社校友会、一九四〇年）。

中島力造が見た覚馬

以下は、その中島の回想の続きです。

「山本覚馬氏は、盲人だったが、随分、有力の人で、同志社の創立者で、新島先生とは親しい間柄であった。覚馬氏の妹は、新島先生の妻君であった。

私が同志社へ行って居る〔学生の〕頃〔一八七五年から一八七七年〕は、山本氏は政治家であった。目が見え無い為(ため)、私に新聞を読ませたり。面白い話をしたり、一月(ひとつき)に一度は必ず、氏の家を訪づれた。意見もよく聞いたが、維新当時の有力者の人達と深く交際して居られたので、我々若年者にとって、有益の話しを語った。

その後〔実はその前から〕、〔名目的な知事である公家の〕長谷（ながたに）〔信篤（のぶあつ）〕氏が、〔初代〕京都〔府〕知事を辞して、〔権（ごん）知事の〕槇村〔正直〕氏が代ってから、氏の顧問をして、同志社の為めに尽された。相国寺（しょうこくじ）前で〔同志〕社を開く様になったのも、山本氏の力であった」（『創設期の同志社』三五〜三六頁）。

徳富猪一郎が語る覚馬

中島たちに次いで同志社に入学した徳富猪（い）一郎（後の蘇峰（そほう））にも、覚馬に言及した記事があります。『三代人物史』（四七一〜四七六頁、読売新聞社、一九七一年）の中で、詳しい経歴を紹介しています。これは、蘇峰の体験記というより、歴史家としての記述です。かなり長文ですが、昨年末に出した『新島八重と夫、襄』（一〇三〜一〇八頁、思文閣出版、二〇一一年）に全文、引用しておきました。十六年間にわたって大蔵卿・大蔵大臣を務めた松方正義が、蘇峰に対して、個人的に覚馬の財政通を激賞したことなどが、記されております。

蘇峰の弟の蘆花（ろか）も同じように、覚馬との面談の消息を生き生きと描いております。この後すぐに紹介します。

村上小源太が見た覚馬

時期的に徳富蘇峰に続くのが、村上小源太（大分出身）です。

「翁は会津の人で、政略家で、且つ、非常に漢学に達して居った。普通であったならば、維新の際、殺される所であったが、盲目で足なへであった為〔実は、覚馬の口述筆記、『管見』の内容が「勝ち組」から評価されて〕、助けられた。〔戊辰戦争後、釈放され〕京都府槙村正直知事の法律顧問役〔いわば知事顧問〕を勤めて居った。

新島先生の奥さんは、翁の愛嬢〔実は妹〕である。それが為め、先生は槙村知事の信用を得、同志社が京都に創立される様になったのであるから、此学校が〔京都に〕開かれたのは、一つに山本翁の力である、と謂はねばならぬ。

〔後に蘆花という筆名で小説を書いた〕徳富健二郎〔健次郎〕氏が、自身、著書〔『黒い眼と茶色の目』〕にも書いてある様に、氏が同志社に居る間に関係した女〔山本久栄〕も、此山本翁の妾〔後妻〕の子である」（『創設期の同志社』六七～六八頁）。

徳冨健次郎が見た覚馬（一）

蘆花が見た覚馬の姿は、『黒い眼と茶色の目』（三五〇～三五三頁、新橋堂、一九一四年）に出ています。関係箇所を引用してみます。この小説の中では、健次郎は「敬二」、恋人の久栄は「寿代」と置き換えられています。山本覚馬は「山下」です。内容（原文は「　　」に入れました）は、こうです。

蘆花がある日、山下家を訪ねると、府知事が来ていました。

「知事は、顧問の愛嬢〔久栄〕に大きな声で愛想を言って帰った」。

また別の日に蘆花が訪問した時のことです。

「ある夜、奥から、『寿代』と阿爺(おとうさん)が呼んだ。寿代さんが入って出て来て、『父が一寸(ちょっと)、逢いたい云ふてます』

敬二は、はたと当惑した。其名は久しく聞いた名士、盲目しても、人の胸中や人物を見ぬくは、造作もあるまい。二心(ふたごころ)の敬二は、盲士の眼を恐れた。加之(それに)ドウセ近々に切らねばならぬ係累(けいるい)をますます繋(しめ)るは、考へものである。立ちかねて居ると、『一寸でええわ』

寿代さんの言葉に、敬二も否(いな)みかねて、寿代さんの導くままに、釣(つり)ランプの薄暗い奥に入った。

『あ、敬二さんか』

蒲団(ふとん)の上に坐った胡麻塩髭(ごましおひげ)の人は、其見えない白い眼の玉を敬二の方へ向けて、座を命じた。而(さう)して元気な声で、東京の能勢(のせ)〔湯浅〕家の事、敬二の兄〔蘇峰〕の事、『人民之友』〔『国民之友』〕の盛況などきいた。

敬二は、問はるるままに無造作に答へた。寿代さんは、阿父(おとうさん)の傍に横座りに坐って、雑誌を見て居た」。

徳冨健次郎が見た覚馬（二）

「山下さんは、其短い髭を左の手に扱いて、『あなたは、文章を書きなさるさうなが、文章にでも、演説にも、是非一つ云って貰はにゃならんのは、近頃の世間の浮華な事じゃ。俺は分限相応と云ふ事を一番、大切と心得て居る。其処に西周に頼むで『相応斎』と書いた額を掛けて居る位じゃ。〔会津出身の〕林権助〔本書一七七頁参照〕、な、東京の〔帝国〕大学に〔いま、在学して〕居る。これは見込みのある人物〔後に外交官〕じゃが、これなんどにも、よく話した事じゃ』。

敬二は、林君に対して軽い嫉妬を感じた。而して、『は、は』と云ひながら、をとなしく老人の話を聞いて居た。敬二は、其きょろきょろ転ぶ眼の玉に視力がない、とは如何しても、信ずる事が出来なかった。眼がきょろりする毎に、冷やりとした。

寿代さんが、立って往った。やがて老人は、『それじゃ、あ』と軽く頷いた。敬二は、まだ後がありさうに立ち兼ねた。すると、山下さんは、一寸頭をかしげて、『あ、最早往きなさったか』と云ふた。敬二は、一礼して表へ出た」。

葛岡龍吉が見た覚馬

最後は、葛岡龍吉です。同志社に在学中、覚馬の講演や式辞を聞いた、という体験の持ち主です。

「同志社の学生に精神的感化を与へられた。覚馬氏は、長州勢が蛤御門に攻めて来た時、砲術で大に働かれたのは、名高い話である。

明治幾年〔実は一八八五年〕であったか、同志社の〔創立〕十年記念式をした時に、出て来られて、生徒に講演をせられた。其の時は、新島先生の講話〔「人一人は大切なり」〕と並びて、生徒一同に非常な感動を与へられたものである。

十年記〔卒業式か〕の時もそうである。籠は昔の山籠の様なもので、上の棒を抜くと、屋根と前と両側の垂れとが、そっくりと取りはずされて、残るものは座して居る処と、後のもたれる処と丈けで、恰も今の一森式の椅子の様な形になるのである。其処で其のまま、話をせられた。勿論、同氏は盲目で、それに脚が不自由であったからである。

十年記の時の講話に、初めて蘭学をせられた苦心談をせられ、皆なを激励せられた。西周等と同じ学友の間柄であった。西周は、心理学を翻訳したので名高い人である」(『創設期の同志社』二五二〜二五三頁)。

こうして見ると、山本家は、親子三人、すなわち佐久と、息子(覚馬)ならびに娘(八重)が、同志社教育に直接タッチしていたことになります。山本家は、新島が京都で巡り合った最大、最高の家族だった、というわけです。

覚馬の受洗

その背景には、彼ら三人が洗礼を受けて、クリスチャンになったこと、これが大きいですね。覚馬は八重よりも十年遅れて、夫人(時恵)といっしょに洗礼を受けます。新島が初代牧師を務めた京都第二教会（今の同志社教会）で、一八八五年五月十七日にD・C・グリーン宣教師（同志社教員）から洗礼を授かります。

おりしも新島は二度目の渡米中でした。日本からの情報をもらって、新島は舞い上がります。八重に対して、こう書き送ります。

「御兄ニハ、此度、洗礼を御望みのよし、珍重――、日本を出しより、是程喜はしき新聞〔新情報〕ハ未夕承リ不申候」。この出来事が、「京都府下の人々に、大関係を生す事」は、間違いない、と（④三四二）。

会津とキリスト教

覚馬が京都の政財官界で占める位置の高さと大きさを思いますと、彼の受洗は、新島が期待するようにたしかにビッグな出来事です。覚馬が早くからキリスト教に理解を示していたことが、同志社の設立を皮切りに、八重の入信、新島の結婚といった出来事をもたらしたのですから、その感化はすごいですね。

なぜに覚馬は、率先してキリスト教に接近したか、です。そこには会津人の精神性が働いていたはずです。八重の小説をものされた福本武久氏が、戊辰戦争での「負け組」を重視される通りです。

「兄覚馬のありようは、賊軍といわれた会津人の生きかたの一端を示すものであろう。薩長に敗れた彼らの生きる道は、将来にそなえて文化的主導権を握ることであった。

そのために英語を学び、西洋文化を摂取しようとした。兄を頼って京都にやってきた八重も、その延長線上にあり、英語を学び、それを媒介としてキリスト教に接近していったのである」（福本武久『新島八重』一二五頁、『同志社時報』八〇、同志社、一九八六年三月）。

文化的主導権

「文化的主導権」が発揮された例のひとつが、同志社の開校です。それは、京都復興の狼煙（のろし）でもありました。この点は、「肥後の維新」によって熊本洋学校が開校されたのと、まさに好対照です。「勝ち組」でありながら、薩長土肥においしいところを持って行かれた肥後は、将来の巻き返しを狙って、洋学教育の導入を図りました（『マイナーなればこそ』四九頁）。

洋学校に結集した秀才たちは、アメリカから呼ばれたネイティヴ教員（L・L・ジェーンズ）の感化でクリスチャンになり、やがて同志社に転校してきます。世に言う「熊本バンド」です。

その中に、横井小楠（しょうなん）の遺児、時雄がおります。彼は、同志社を出てからは、牧師として今治伝道に着手するために四国に派遣されます。そして結婚です。花嫁となったのが、覚馬の娘（峰）です。式は、京都の新島宅で行なわれました。

こうして覚馬は、一方で新島、他方で横井小楠とつながります。戊辰戦争のいわば「負け組」連合です。その代表はもちろん会津です。この会津を挟んで結び合わされたこれら三者は、奇しくも広義の覚馬ファミリーです。彼らは一体となって、日本の精神的文明化のために、「文化的主導権」を発揮したことになります。

「八重の桜」は、今回、福島復興の「希望の星」と目されています。同じようにかつては、八重の兄、覚馬もまた、首都を東京に奪われた京都を立て直す復興プロジェクトの「希望の星」でした。大河ドラマでも八重と主役を争うほどの存在感を見せてほしいですね。

（ＪＴＢツアー「新島襄と八重ゆかりのスポットをめぐる」同志社大学弘風館、二〇一二年三月二四日）

補注

山本覚馬の『管見』は、全文を早川廣中・本井康博『新島八重と夫、襄』（改訂増補版、思文閣出版、二〇一二年五月刊行予定）に入れておきました。改訂増補版には、あらたに解説も収録しています。

黒谷（金戒光明寺）に集結した会津会の人たち（1928年11月17日）

1928年11月10日、昭和天皇の即位式が京都御所で行なわれた。会津出身者も大勢、式典に招かれた。これを機会に、京都会津会は、「先輩諸名士歓迎会」を兼ねて、秋の例会を黒谷の西雲院で開催した。八重も、もちろん参加した。

記念の集合写真（同志社社史資料センター蔵）は、会津墓地の中にある殉難碑の前で撮られた。主要人物は、最前列に並ぶ（西雲寺調べ）。左から新島八重（３人目）、林権助（６人目）、松平恒雄（会津会副総裁、７人目）、松平保男（同総裁、８人目）、山川健次郎（９人目）、柴五郎（10人目）、新城新蔵（12人目）。

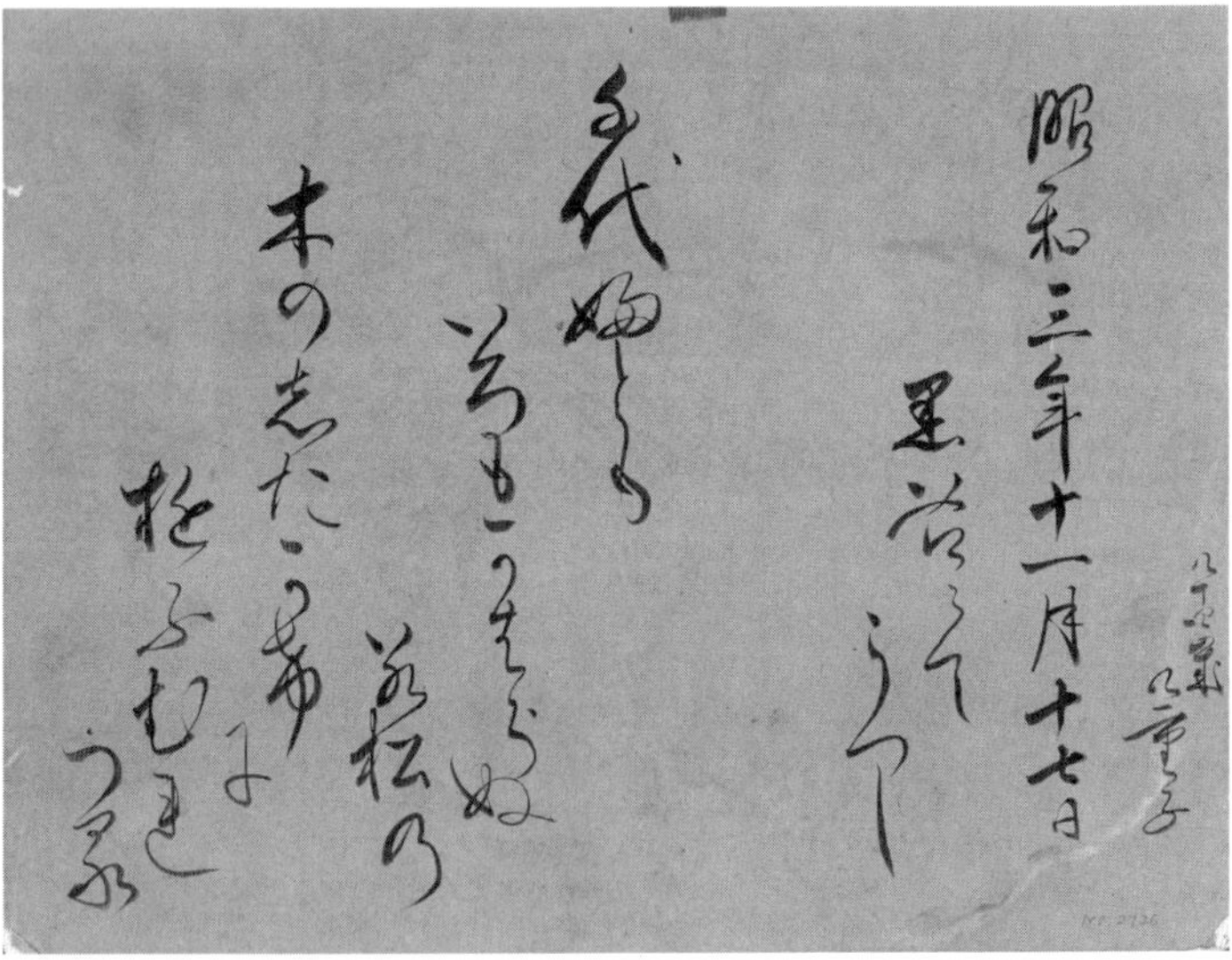

「千代婦ともいろもかはらぬ若松の　木のしたかきに遊ふむれつる」（読み・竹内くみ子氏）

集合写真（前頁）の裏に八重が書き込んだ歌

八重は、1905年に京都会津会が発足して以来の熱心な会員である。毎年、黒谷（西雲院）で行なわれる会津藩殉難者の慰霊法要には、何をおいても駆けつけたのではなかろうか。弟の三郎も殉難者のひとりであった。彼は、鳥羽伏見の戦いで受けた傷が原因で江戸で死去した。

八重は、後半生、異郷での独居生活の味気なさと寂しさを、こうした会合や交遊でいやされていたのでは、ないだろうか。「千代婦とも」の歌からも、そのことが窺われる。彼女の葬儀（学内の栄光館）には、会津会から新城新蔵（京都帝大理学部長。翌年、第８代京大総長に就任）ら３人が、弔辞を寄せている。

八重ゆかりの西雲院は、彼女が書き残した書を２幅、所蔵する。周知の「明日の夜は」（鶴ヶ城落城の際の歌）と、「いくとせか」（松平節子の結婚祝歌）である。

八重の七変化

——こころのふるさとを求めて——

起き上がり小法師

新島襄の出身地は群馬県の安中です。そこにはいろんな、お土産があります。その中で、昔は磯部せんべい、いま、有田屋の醤油サブレ。これが、私どもが安中や高崎に行った時の定番です。一般の観光客なら、ハラダのラスクでしょうか。

じゃ、八重のふるさと、会津はどうか。私的には、昔は絵蝋燭でした。かつて新島襄が会津に来た際、土産に買って帰ったからです。それが最近は、ちょっと変ってきました。私は今度、会津を訪ねたら、起き上がり小法師を買って帰ろう、と決めてここに参りました。ひとつには、やはり去年の東日本大震災のことを思わずにはおれないからです。もうひとつのロウソクは、新島がらみです。

新島の会津訪問は、一八八三年夏のことです。八重夫人や教え子たちと共に、初めて会津若松を訪ねました。その時、同志社の有力スポンサーとでも言うべき資産家、すなわち「大和の山林王」と言われた土倉庄三郎のために土産を買って帰りました。それが絵蝋燭です。

帰宅後の九月に、新島は土倉に手紙を書いて、「画蝋燭少々、会津より持帰候間、御覧ニ入申候」と伝えています（③二一五）。

「七転び八起き」

数年前、私は会津の方から起き上がり小法師をプレゼントされました。その時は、これが会津の特産とは、知りませんでした。体型もそうですが、どことなく八重を思い起こさせる人形ですね。

「七転び八起き」という不屈の精神や根性、それが会津の人の持ち味、あるいは会津の風土であるなら、新島八重はさしずめその典型でしょう。現在の福島は、さしずめ「七転八倒」です。「七転」をなんとか克服しなければなりません。

そのためには、まずは皆さま福島県民の方々に元気を供給することです。今回、八重がＮＨＫから会津復興の「希望の星」を託されました。それは、彼女が容易にへこたれない、不撓（ふとう）不屈の精神を備えていることが、高く買われたからです。

ドラマの「八重の桜」は、春になれば桜は必ず咲く、というメッセージの発信源となります。

八重の八面相

大河ドラマのヒロインを射止めた、と言っても、実は八重の周辺には、好敵手だらけです。主役の座を脅かすような強力なライバルに囲まれています。だから、激戦ですよ。

それゆえ、主役を張るためには、八重の独自性が問われます。七転び八起きの逞しさの他に、八重の魅力は、はたしてどこにあるのか。それを探ってみます。

「幕末のジャンヌ・ダルク」にしても、「日本のナイチンゲール」にしても、はたまた「ハンサム

・ウーマン」（クリスチャン・レイディ）にしても、それぞれの局面では、好敵手と比べて、多少見劣りするところがあるかもしれません。けれども、それらを独りで合わせ持つ、という点では、八重の独壇場です。

八重の魅力

ジャンヌ・ダルク、ハンサム・ウーマン、クリスチャン・レイディ、悪妻、ナイチンゲールといった多面性や側面をひとりの人間が兼ね備えている、そこにこそ、彼女の独自性があるような気がしてなりません。

ただ、それぞれまったく異なる側面がばらばらでは、首尾一貫性が問われます。さながら「ジキル氏とハイド氏」の日本版になりかねません。そうではなくて、ひとりの人格と人生の中に、それぞれの特性をきちんとはめ込むことができれば、誰にも負けないような「武器」になります。それが確保できた時に、新島八重は初めて、メジャーになれます。

「会津人」

以前、会津の歴史を彩る四人の女性クリスチャンを紹介したことがあります。大山捨松（すてまつ）、海老名りん、若松賤子（しずこ）、山本八重子（新島八重です）です（本書一一七頁以下）。そのうち、八重（一八四五年～一九三二年）が、一番早く生まれ、一番遅くに亡くなっています。長命と健康もまた、八重の特色（つよみ）です。

それに四人中、もっとも早く洗礼を受けたのも、八重です。実は、彼女こそ「福島県人、初のクリスチャン・レイディ」です。京都における場合とまさに同様に、信仰のパイオニアです。

これら四人の信徒たちに、瓜生岩子や中野竹子を加えて、六人を比較した場合でも、なおかつ、八重の独自の生き方には、光る点がちゃんとあります。それは、何か。「会津人」、ならびに「茶人」としての生き方です（後者については、本書別巻二で考察するつもりです）。

八重は、「モダン・レイディ」として生活した時期はあるものの、彼女の長い人生の大半は、基本的には会津人意識に満たされています。どの局面にも、それが濃厚に秘められています。

そうなんです、会津士魂のようなメンタリティーが、底辺に伏流していた、と思われます。もともとが、根っからの「会津人」である彼女は、とりわけ、新島襄に先立たれた後半生では、気分は自然と会津に戻ります。

篤志看護婦

日清・日露の篤志看護活動にしても、単にお国のため、つまり愛国主義ばかりじゃありません。信徒としての博愛、あるいは奉仕活動という側面があったことは、事実です。ですが、彼女にとってはそれ以上に、戊辰戦争の延長であったでしょうね。

平時では、看護にとりわけ熱心であった、とは言えないからです。お膝元の同志社病院、あるいは

（同志社系の）京都看病婦学校にしても、そこでの活動は、予想以上に希薄です。

もちろん、同志社運動会の旗奪いの競技のように、生徒が失神したりすると、八重の出番です。まかせて、とばかり看護に努めます（『追悼集』六、三九六頁、同志社社史資料室、一九九三年）。

京都会津会

それにしても、戊辰戦争や勢津子（せつこ）姫の結婚（本書一五〇頁参照）で思う事は、八重はつくづく会津人だ、ということです。彼女の遺品の中には、京都会津会の集会で撮った集合写真が、何枚も残されています（たとえば、本書一七七頁参照）。これに反して、不思議なことに、教会で撮った写真は、ほとんど見当たりません。

サークルで言えば、平時には、京都会津会（一九〇五年創設）が、生きがいのひとつです。会津人の集会には、何をおいても駆けつけたようです。全国総会にも、です。彼女にとって、会津会は、教会以上の存在だったかも知れません。会津出身の人たちとの交流は、老後の数少ない至福の時であったのでしょう。

今年（二〇一一年）の例で言えば、六月十三日、京都市内黒谷（くろたに）にある金戒光明寺（こんかいこうみょうじ）の「会津墓地」で、第百六回の法要が営まれました。京都会津会会長の森田嘉一（よしかず）氏（京都外国語大学理事長・総長）はもちろん、松平家当主や会津若松市長も参列されています。八重が生きておれば、当然、駆けつけたはずです。この点は、「容保（かたもり）桜」の除幕式とまさに同じです（『ハンサムに生きる』九〇頁）。

「君に忠」

八重の場合、会津藩主への忠誠心は、維新前も維新後もほとんど変化ありません。維新後の旧藩主は、表舞台から影の存在になったとは言え、彼女の心中では、依然として藩主であり続けました。

なにしろ、「君に忠を尽くさなくてはならぬということを、ごく小さいうちから教え込まれて」いた八重のことです。最晩年に至っても、「家で小さい子どもの時からして、君に忠を尽くす、ということを教えることが、大切だと思います」と確信してやみませんでした（本書七四頁参照）。

八重は、戊辰戦争中にその教えを実践いたします。戦死した弟、三郎の衣装と大小の刀を身につけ、「一は主君のため、一は弟のため、命の限り戦ふ決心で城に入りました」と告白しています（『婦人世界』四の一三、四七頁、一九〇九年十一月号）。

「この主人〔藩主〕の為なれば、自分が命を捨てるのは、惜しいことはない、と思いました」というのですから。亡くなる少し前のことですが、「自分ノ国〔会津〕ホドヨイ所ハナク、自分ノ旧主人〔旧藩主〕ホド良イ者ハイナイ様ニ思ツテ居リマシタ」としみじみ述懐しております（吉海直人翻刻・解題「新島八重子刀自回顧談」一一一頁、『同志社談叢』二〇、同志社社史資料室、二〇〇〇年三月）。

維新以後も君に忠

つまり、維新以後も、八重の忠誠心は、健在です。一八八七年、新島襄と東京に行った際も、旧藩主に会うために襄とは別行動をとります。新島の日記では、八重は「会津旧主公ヲ訪ハン事ヲ計ルニ、時間ノ少キヲ以テ、果サス」とあります（⑤二九二）。一方の新島には、これほど強烈な忠誠心は、見当たりません。そもそも彼の密出国は、安中藩主（板倉勝殷）への反発、というか反抗の結果でした。

八重の別行動と言えば、こういうこともありました。襄と共に、夫妻して札幌で避暑をした時（一八八七年）のことです。八重はかつて「娘子隊」のメンバーであった、生き残りを訪ねています（⑤二九八）。内藤ユキという女性です。ユキ（旧姓は日向）の自宅は、山本家の裏手でしたので、ふたりは幼馴染でした。彼女との再会は、八重を一瞬にして籠城戦に連れ戻してくれたことでしょうね。

それに反して、襄の場合は、維新後も、旧藩主に何の未練もありません。まあ、板倉勝殷の場合は、新島から見れば「馬鹿殿」同然でしたから、八重の場合とは比較にならない、と言えます。ただ、それ以上に封建倫理からキリスト教倫理へ切り替えたことが、大きいでしょう。

「モダン・レイディ」から茶人へ

八重の場合、さらに茶道が無視できません。新島の死後、三年を経て裏千家に入門します。そして永眠の直前までほぼ四十年間、お茶の世界に身を置きます。なぜ、お茶か。おそらく、茶室に居る時間、あるいは茶会の時間は、八重には会津人に戻れる貴重なひと時であったからでは、と思われます。

お茶の道具といい、茶道を通した交遊といい、八重の後半生は、まさにお茶三昧です。山本家の祖先である山本道珍という人が、会津藩の茶道頭であったというのですから、祖先帰りの傾向があったのか知れません。

「モダン・レイディ」から脱皮

服装にしても、八重の後半生はすっかり和装です。自分を取り戻したような回復感や開放感が、味わえたんでしょうか。たとえそうだとしてもですね、和服に切り替えたとしても、生え抜きの京おんなとは、どこか違った趣きだったでしょうね。

新婚当時、八重が「京洛婦人と異った風采」であることは、第三者の子どもの目にも、一見して明らかでした（『追悼集』六、四〇二頁）。初期の同志社の学生たちも、八重の洋装を目の当たりにして、「何でも新しい事は、同志社から、といふ御精神で、天下に率先して御実行なされたのであらう」と推測したものです（湯浅吉郎「懐旧の歌」、『同志社校友同窓会報』六一、一九三二年二月一五日）。

「天下に率先して御実行」とは、何も服装だけじゃありません。ですが、結婚後、いつも洋装であったわけじゃなく、家庭で家事をするときなどは、「日本人らしい和装」でした（拙著『アメリカン・ボード二〇〇年』三八頁、思文閣出版、二〇一〇年）。和装の写真も残っています。

しかし、後半生の八重は、洋装に凝った「モダン・レイディ」を卒業したかのようです。それに伴い、じょじょにキリスト教や同志社との距離も、広がり始めたんじゃないでしょうか。

同志社との関係

本心と言えば、愛校心でも同じです。巷では、同志社と衝突したために、学園との関係が疎遠になった、と実しやかに語られたりします。たとえば、ウイキペディア（二〇一一年一一月二〇日）の「新島八重」がそうです。「その後の同志社を支えた襄の門人たちとも性格的にそりが合わず、同志社とも次第に疎遠になっていったという」とあります。「という」とありますから、これは伝聞です。典拠（根拠）なしにこういったウワサがもっともらしく、記されています。

　これまた、誤解が混じっています。現実には、毎年の卒業式には「必ず臨席」しております（『追悼集』六、三六七頁）。毎年の新島記念会でも同じです。親密とは言えなくとも、険悪な関係になった、とはとても言えません。

「同志社ニ事アル毎ニ、憂心禁ゼザルモノノ如ク、屢々、門下ノ故旧ニ対シテ、訓諭セラルル所アリシガ、慎ンデ当局処置ニ対スル批判的態度ヲ避ケラレタリ。

殊ニ同志社女学校ノ如キハ、創設ノ際ノミナラズ、其後、教鞭ヲ執ラレタルコトアルニモ拘ラズ、常ニ自ラノ分ヲ守リ、ゴウモ干渉ガ間敷言動ニ出デラレタルコトナク、只管、至誠ヲ以テ天父ニ悃祷セラルルノ外、又余念ナカリシナリ」と伝わっています（『追悼集』五、五二頁）。

　同じく、八重を良く知る牧野虎次にも証言があります。彼は八重の葬儀で朗読した履歴（だから、顕彰過剰の点は、割り引く必要がありますが）の中で、八重を弁護します（全文は、早川廣中・本井康博『新島八重と夫、襄』八四～八八頁、思文閣出版、二〇一一年に入れました）。

こころの故郷を求めて

ほかにも、新聞報道です。「同志社のことに就て、只だ良人（おっと）〔新島〕の素志成就を神に祈るのみで、一言半句も差出がましき口を開かず、〔新島〕先生の死後も、学校当局の処置に一切を任せて、干渉する処なかりし徳を讃へられた」とあります（『基督教世界（キリスト）』一九三二年六月二三日）。

ただ、八重の「出番」が、次第に少なくなってきたのは、事実です。それに、自分でもむしろ自重、というか禁欲したのか、控え目です。表立った行動が減ります。あるいは、相互に積極的な関与を避けていたのかも知れません。たとえば、女学校の同窓会会長など、一期で終わってます。やる気がなかったのか、何もやれなかったのか、あるいは排除されたのか、どうだったのでしょうか。

こうした経緯、いや揺（ゆ）れこそ、八重なりの模索ではなかったでしょうか。そう、安住の地を求めてさ迷い歩く旅人のように、彼女は、こころの故郷（ふるさと）を求めてさ迷う会津の女性であったように思います。

会津の方には気になる点でしょうが、京都での八重の真相はなかなかとらえ難いですね。ですが、新島八重になってからも、会津の山本八重子はどこかでどっこい生きている、これは確かです。

交流協定

現在、皆さま方の会津若松市と同志社の間では、来年にも「包括交流協定」を結ぶ協議が、進んでいます。これはかなり異例のことです。

と言うのは、同志社はすでに京田辺市、木津川市という、近隣のふたつの市と交流協定を結んでいます。いずれも京都府下にある都市で、ともに同志社の施設があります。前者には大学ふたつと高校がひとつ、後者には小学校が一校、進出しています。

ですが、京都府外の都市、しかも学園の施設が皆無の街と協定を結ぶのは、今回が初めてのケースです。それも、もっぱら精神的な結びつきが主体です。それだけ、覚馬・八重兄妹（きょうだい）と同志社を結ぶ絆が緊密だ、ということです。

それはちょうど、京都とボストンが、戦後早くに姉妹都市協定を結んだことと、どこかで重なり合います。ボストンは、新島にとっては江戸や安中（あんなか）以上に、心の故郷にほかなりません。

（全会津文化祭・会津エンジン　〇六、福島県立会津大学、二〇一一年一一月二三日）

「費用は如何計り相懸候とも不苦」

新島は牧師夫人である八重に硬い注文を出すだけでなく、柔らかい配慮も忘れない。一八八五年の渡米中のことである。八重の病気を知らされた新島は、「費用は如何計り（いかばかり）相懸（あいかかり）候（そうろう）とも不苦（くるしからず）」、医師と相談のうえ、十分な治療をするように、と八重に勧めた。新島の愛妻振りが窺える（③三二九）。

さらに「嫁・姑（しゅうとめ）問題」にも触れ、「日本の癖として、兎角（とかく）しふとめのよめによき面（かほ）をなさぬ事もあるへきも、返す返すも御忍び、御つかへ被下度（くだされたく）」と八重に自重を促す（③三二九）。

新島がこう忠告する以上、新島家にも嫁と姑の問題が潜在、あるいは顕在していたのであろう。八重は、新島の年老いた母（登美）と同じ敷地内で棟続きの生活を営んでいた。だから、何かと神経を払ったはずである。この姑は長生きで、襄が亡くなってから六年も生き延び、八十八歳の長寿を享受した。

「会津人」への回帰
――故郷に戻る八重――

会津に戻る

せっかく、会津に呼ばれたことですから、今日は、京都から会津人の八重を見たらどう見えるか、そのあたりのことをお話しします。会津の山本八重子が、京都に来て、「モダン・レイディ」、新島八重になりました。二十六の時でした。時代の先端を闊歩する「トップ・レイディ」への変身でした。

ですが、年齢を重ねるにつれ、しだいに会津魂が身体によみがえるかのように、青年時代の八重が、再び顔を見せ始めます。たとえば、ひな祭りです。普通、教会では祝わないイベントですが、彼女は自宅でひな人形（それも何組もの）を愛でました。彼女にとっては、会津での少女時代を手繰り寄せてくれる大事な手蔓であったのでしょうね。

ある同志社の初期卒業生（山口金作牧師）は、八重のことをこう語っています。「故婦人は、古い日本の教育を受け、新しい西洋の智識を汲み、晩年には又、東洋の枯淡な趣味に生きられました」と（『追悼集』五、六三頁、同志社社史資料室、一九九一年）。

そうなんです、見た目では晩年はすっかり会津人に回帰したかのようです。

照姫からもらった短冊を飾る

大勢の賓客を招いて開いた、ある年の初茶会のことです。床の間に照姫の短冊を飾ります（筒井紘一「圓能斎宗室と新島八重」一四〇頁、『千家茶道の継承　圓能斎鉄中宗室』、茶道資料館、二〇一〇年）。八重の持て成し方としては、最高級であったに相違ありません。

八重にとって、最後のひな祭りとなった一九三二年三月三日に、彼女は人形とともに、自室で写真を撮っております。その写真を見ますと、床柱には短冊が掛けてあります（『同志社タイムス』二〇一二年一月一五日、一面の写真）。おそらく、照姫からもらったものでしょう。

照姫というのは、会津時代に八重が命をかけて尽くした会津藩主、松平容保の義姉です。戊辰戦争で会津藩が籠城戦を戦った際に、城内で女性陣の指揮をとった女性です。八重は、その時、照姫の御傍役を申しつけられました。

銃を手に従軍した戊辰戦争に限らず、八重は、いつの時代も「闘う会津人」でした。正確に言うと、「闘いを強いられた会津人」でした。幸いなことに、自身、「戦い」が好きな女傑でしたから、救われます。

ともあれ、彼女を最後まで支えたのは、会津魂だったかも知れませんね。

追悼説教は「女丈夫」

八重は会津人として亡くなったのではないでしょうか。八重の葬儀で、追悼説教をした山室軍平は、

「日本救世軍の父」と呼ばれる宗教者（牧師）です。彼は、説教では八重を「女丈夫」として捉え、八重の人生の基底にあったものを次のように分析します。

「彼女は、会津籠城中に発揮したと同じ女丈夫の精神を以て、基督教を受容れたのであらうと考へます」。また、こう続けます。「私は思ふ、彼女は会津籠城中、四面楚歌の声を聞きつつ、それでも最後迄、勇敢に立働いた、と同じ精神を以て、当時は未だ、四面楚歌ともいふべき境遇にあった基督教に身を投じ、大胆に基督の側に属した者、と考へるのであります」（『追悼集』五、七一頁）。

あの時代に京都という宗教的に実に特殊な街で、初めて、しかも女性として洗礼を受けることは、「彼女の勇敢なる決意を以てするに非ざれば、到底、出来ない事であったに相違ありません」とも称賛しています（同前五、七一頁）。

山室軍平が見た八重

新島が大磯で死去した時、山室はまだ同志社在学中でした。彼は、新島を敬慕する気持ちから、生前の新島と親交のあった名士を代わる代わる呼んだり、訪ねたりして、新島校長に関する逸話やエピソードを聞き取る会を十回くらい開きました。

八重ももちろん、聞き取りの対象でした。山室が、新島邸に出向いて取材したところ、「夫人は、先生の事よりも、寧ろ多く夫人自らの来歴を語り」始めました。その中味は、やっぱり会津のことです。たとえば――

「会津の籠城のことから、さては白虎隊の話など」次々と語ってくれた、といいます。「夫人自らに就ては、其の節、まだ二十四歳のうら若き婦人の身を以て、その黒髪を切り、襠高の袴を穿き、襷掛けて、両刀を手挟み、砲煙弾雨の間に馳駆しつつ、種々、後方勤務に尽力せられた模様など語られました」。

「女丈夫」

八重の戦争回顧談は、さらに続きます。「愈々、開城〔落城〕の節となっては、夫人は慷慨に堪ず、お城の金の間〔三ノ丸〕の壁に、　明日よりは何処の誰か眺むらむ　慣れし御城に残す月影　と題しておいて、去られたことも、其の節、夫人の口から、直接承ったかと憶えて居ります」。

この和歌は、当時、ベストセラーとなった東海散士（芝四朗）『佳人之奇遇』に取り上げられたことにより、一躍有名になります。この作品は、八重もまた、生涯で一番喜んで揮毫した作品です。最後の一句、「残す月影」などは、八重を扱った小説の題名にもなるくらい、今でも有名です（中村彰彦「残す月影」、『小説新潮』一九九五年九月）。

山室軍平の回想は、こう結ばれています。

「其の当時、私が得た夫人に対する印象は、『女丈夫だな』といふ一事であったやうに思ひます」（以上、『追悼集』五、七〇頁）。

こういう話を読みますと、後年の八重を追悼する説教の題は、すでに学生時代の山室には出来上がっていた感さえありますね。女丈夫には、戦争談が似合います。戊辰戦争の回顧談が、彼女の十八番(おはこ)であるのも、十分、理解できます。

カルタ会の女王

京都において、プロテスタント信徒、しかも女性信徒に誰よりも早くなったのは、八重です。古都の姑息な風習と伝統に対しても、敢然と戦いました。一方では、京都で会津の文化を継承することにも、若い頃からかなり意欲的でした。

たとえば、正月のカルタ会です。古来、会津ではカルタが大流行したというので、八重は同志社の学生にも「大自慢」しております。現在、同志社の新島遺品庫には、八重が愛用したと思われる板カルタが保管されています。

八重は「会津人の特技会」として、同郷出身の学生を自宅に集め、正月の恒例行事としたようです。時には、読み人として、「おからだに似合はぬ、やさしい声」で、札を読んだといいます（『追悼集』六、四〇二頁、一九九三年）。この場合のカルタは、百人一首でしょう。

カルタを大自慢するだけあって、八重の腕は確かでした。五、六人の学生を相手にしても、負けません。時には、会津以外の他地方から来た学生が、「奥様から特別の思召(おぼしめし)で、会津人並みの取扱ひ」を受ける幸運に預かり、大喜びしています（同前六、三九八頁）。

ひな祭り

三月の節句は、ひな祭りです。教会ではお祝いをしない、という不満、いや、寂しさを八重はひそかに抱いていたかも知れません。彼女には、クリスマスやイースター以上に大事な、そう、会津の少女時代につながる大事なイベントだったはずです。

子どものころ、八重からお茶をならった武間富貴さん（同志社幼稚園名誉園長）は、八重（おば様）がどんなにひな人形を可愛がっていたか、次のように追憶されております。

「おば様は、数種のお雛様、三人官女や五人囃、それにおひな様のお道具を沢山、おもちになっていました。毎年三月になると、押入のお人形箱からお人形を大事にとり出して、久しぶりに会う人に話かける様に挨拶しながら、一つ一つ丁寧に顔を絹のきれでふき、雛壇にかざって楽しんでおられました。

お節句がすんで、片づける時も、お一人で一つ一つの人形に、また来年迄、と話かけて、仕舞って居られたのを、よく覚えています。あの、お人形やお道具類、今、どこにあるのでしょうか」（「武間富貴に聞く新島八重のことなど」七五頁、『同志社時報』八一、一九八六年一一月）。

夫に先立たれ、基本的には独りぐらしだった寂しさを、八重はひな人形で補ったのでしょうね。私は、八重がひな人形の顔を磨きながら、わが子に対するように語りかけている場面を想い浮かべると、なぜかジーンときます。目頭が熱くなります。人形たちは、八重を会津の世界へと、文句なしに誘ってくれたのでしょうね。

ひな人形

八重ゆかりの雛人形は、同志社高等女学校の末光信三校長が八重から譲られ、同家で大切にされてきたと伝えられてきました（富沢玲子「新島八重夫人のお雛様」二〇七頁、『同志社時報』八八、一九九〇年一月）。同家の雛人形は、昨年末になって、がぜん脚光を浴びるようになりました（『京都新聞』夕刊、二〇一二年一二月七日）。大河ドラマを契機に、八重と共に全国デビューするかも知れませんね（『同志社タイムス』第一面写真とキャプション、二〇一三年一月一五日）。

けれども、その後の大島中正教授（同志社女子大学）の調査によると、実物と写真では、明らかに別のものであることが判明しました。末光家のものが、八重ゆかりのものであること、これは確かなのですが、実は八重が愛蔵していた人形は数種類ありました。写真で報道されたものは、末光家のものとは別のもので、格も上のようです。現在、所在が不明です。

京都と会津の狭間で

ひな人形はこれ位にして、八重の京都生活に移ります。京都での八重の生活は、半世紀を越えました。にもかかわらず、八重はついぞ「京都人」にはなり切れません。ましてや、「みやこ人」には、です。あえて言えば、さながら故郷を喪失した根無し草的な「流民」です。

会津にお住まいの皆さまも、ちょっと想像してみてください。もし、皆さまが突然、京都に住まなければならない事態になったとしたら、はたして京都は住み良い場所であるかどうか。

言葉にしろ、生活習慣にしろ、食生活、人間関係にしろ、当時は、相当の開きがあったと思います。京都人は、いま以上に、「よそ者」を受け入れ難ったのじゃ、ないでしょうか。「ミヤコ人」意識も、高かったはずです。会津がどこにあるのか、正確に知ってる市民なぞ、おらなかったでしょう。

「白河以北、ひと山百文（ひゃくもん）」

もし、知ってる都人（みやこびと）がいるとしたら、「白河以北、ひと山百文」でしょう。福島の白河（の関）より北は、ひと山が百文の値打ちもない未開地だ、という侮蔑の言葉です。

八重も長年のミヤコ（元ミヤコ）生活で、こうした差別対偶を受けたはずです。これに「賊軍」や「逆賊」視する見方や扱いが加わったとしたら、彼女のストレスは貯まる一方でしょうね。

ですが、彼女には、「会津魂」というか、「会津士魂」のプライドが備わっていました。これを支えに、あるいは武器にして、そうした差別やイジメを跳ね返したはずです。何しろ、戦うことは面白い、と豪語していた女傑ですから。

会津魂とキリスト教

問題は、彼女の会津魂とキリスト教との関係、というか調和です。会津の皆さまからご覧になれば、前者は会津人には当然のＤＮＡです。ですが、新島や同志社サイドから見ると、八重のキリスト教信仰の有りようも無視できません（本書別巻二を参照）。

新島は八重に「武士の心」ではなくて、「信者の心」で歩んでほしい、と望んでいました（『ハンサムに生きる』九一頁、一六六頁）。これは、彼女には過酷な注文になりかねません。

八重としては、新島の死後、進退極った感があります。会津と言わず、武士に戻る道は、すでに封鎖されています。じゃ、信徒として前進できるかというと、心のどこかでブレーキがかかる、といった状況ではなかったでしょうか。

要するに、八重は、娘時代の「山本八重子」（サムライ・レイディ）には戻れず、かといって、結婚後の「新島八重」（クリスチャン・レイディ）に徹することもできませんでした。相当のジレンマです。

京風の生活

その意味では、そもそも戊辰戦争後、京都に居を移したのが、よかったかどうかです。

一説には、入洛は自分の意思というよりも、「兄覚馬氏に招かれ」たから、とも言います（『追悼集』五、五一頁）。ならば、なおさらのことです。

京言葉にも馴染(なじ)めなかったでしょう。もっとも彼女には、最初から馴染む気もなかったでしょう。ミヤコでの生活が二十年に及んだ時点でも、なお一貫してお国言葉を通します。当時の訪問者は、「会津天賦(てんぷ)の舌回りは、客をして、一種愛嬌を感ぜしむ」と捉えています（郇山人(しゅんさんじん)「新島先生未亡人を訪ふ」一四頁、『女学雑誌』二二〇、一八九〇年七月）。

会津をしのぶ

言葉の点だけでも、さながら、「さ迷える会津人」です。お茶の席は、そうした戦闘心を和らげるばかりか、違和感を癒してくれる憩いの場でもあったはずです。京都という異境に身を置く彼女の心事を心底から理解できるのは、やはり「京都会津会」での交流に見られるような同郷人だったでしょうね。

八重には、一種の異文化生活の中で、会津の香りのするものは、すべて麗しかったのです。晩年に「ふるさとわすれがたく」と題して詠んだ歌があります（『追悼集』三、三七三頁、一九八九年）。

老ぬれど又も越えなむ白川の　関のとざしはよしかたくとも

この歌は、亡くなる二年前（一九三〇年）の四月末に帰郷した際の作品です。大事ですから、そのあたりの消息をもう少し、詳しく見ておきます。

最後の帰郷

八重は、懐かしい故郷の土を踏んだ感慨を、四首の歌に込めました。さっきの歌は、そのひとつです。残りの三首は――

若松のわかれるさとに来て見れば
　さきたつものはなみた成けり

東山ゆみはり夕はてらせとも

むかしの城は今草のはら
たらちねのみはかのあとをとふことも
けふをかきりとほとゝきす

八重は、自ら、「小妹は、古来、うたよみに不在(あらず)。只々出たらめ、御笑ぐさに」と断っております（『同志社女学校期報』五五、二四四頁、一九三〇年一二月一〇日）。

山本家の墓

八重はこの時、会津で生母（うら）の墓参りをしています。おそらく菩提寺の大龍寺だと思われます。ここに詣でて、彼女は一族の墓が荒れ果てているのに気づき、愕然としたのでしょう。ただちに、墓の整理に取り組んでいます。

全部で七基の墓を一箇所にまとめ、翌年、「山本家之墓」と刻んだ石碑を建てました。裏面には、「昭和六年九月合葬　山本権八女　京都住新島八重子建之」とあります。これで、八重の気持ちの整理もついたのではないでしょうか。それより、九か月目に、今度は八重自身が亡くなります。

その意味では、会津に残されている山本家の墓は、八重が会津に残した遺品です。

万歳三唱

お墓以外にも、八重の痕跡が会津には残っています。県立葵(あおい)高等学校が、八重の書を、四種、保管しています。そのひとつには、「萬歳萬歳萬萬歳」とあります。署名は「八十四歳　八重子」です。おそらく前身校の会津高等女学校の生徒が、京都に修学旅行に来たときに、書いて与えたものじゃないでしょうか。ならば、一九二八年、八十二歳の時の揮毫です（本書一五三頁参照）。

なんとも、満ち足りた文言ですね。天真爛漫、と言ってもいいでしょう。この年は勢津子姫（松平節子）の皇室入りがあった年ですから、その慶事（おめでた）が背景にあったのでしょう。けれども新島襄なら、考えられない言葉です。それだけ、八重の方が、楽天的なんでしょうね。故郷からの客を大勢迎えて、会津人意識が、思わず出てしまったんでしょうね。

ちなみに（本書別巻二で明らかにしますが、）この書にはモデルがあります。八重には共感した人物の言葉や共鳴した文言を書き写す、という傾向がありました。

会津人への共感

会津は、望郷の念が消えない永遠のふるさとでした。そうした会津人気質を堅く保持した八重を、新島はどう見ていたのでしょうか。キリスト教の視点から見ると、なんとなく物足らない一面があったことは、事実です。

が、反面から見ると、なんとも頼もしい存在じゃなかったでしょうか。なぜなら、新島は「会津人ニ向ヒ、非常ノシンパセー〔共感〕を顕（あら）ハシ」ていたことを、自分で告白していますから。理由は、会津人特有の「気骨」です（④三五三）。もう少し、詳しく言います。

一八八二年の夏、新島は八重、ならびに横井時雄夫妻（妻の峰は、八重の姪）と会津若松を初めて訪ねます（⑧二四二）。当然、鶴ケ城を見物します。この時、八重が十八番の戊辰戦争体験談を新島に現地で改めて語ったことは、ほぼ確かです。

なにしろ、すでに最初の出会いの頃から、「会津籠城の話など、して居りました」と八重が言ってるくらいですから（永沢嘉巳男（かみお）編『新島八重子回想録』六七頁、同志社大学出版部、一九七三年）。新島とて、当の体験者から現場で聞かされる話は、さすがになまなましかったはずです。

会津訪問記

当時、新島が抱いた感慨は、後年の回想では、こうなっています。

「小生ハ明治十五年、初メテ会津若松ニ遊ヒ、官軍之為（のため）メニ陥（おち）イラレタル孤城ヲ一周シ、又、生キ残リタル人々ニモ面会シ、当時ノ有様ヲ聞キ、会津藩人ノ如此（かくのごとく）モ宗家徳川氏ノ為ニ官軍ニ抵抗シ、白骨ヲ原野ニサラスモ顧ミサルノ勇気ニハ、大ニ感服致し、其時ヨリ会津人ニ向ヒ、非常ノシンパセー〔共感〕ヲ顕ハシ」始めた、というのです（④三五三）。

新島自身が、いわば「会津的世界」に大いなる共感を抱いていたことは、私も三十年以上前に指摘したことがあります（拙稿「新島襄と越後長岡伝道――会津的世界への共感」、『新島研究』六一、同志社新島研究会、一九八一年八月）。

気骨ある人

しかし、新島の場合、けっして丸ごとの会津讃美じゃありません。但し書きがつきます。「但シ、余ハ、気骨アル人物ヲ称賛スルナリ。会津ヲ称賛シテ、官軍ニ抗スル訳ニハアラサル也」（④三五三）。「余ハ深く、此如気骨ある豪胆家を敬愛する者なり」と（④三五二）。

思うに、新島にとって、八重は「気骨ある」会津人の典型でした。「倜儻不羈」な青年が大好きな新島は、自分自身がそのひとりでした。要するに、「気骨」を持っている、という点では、この夫妻は実に「似た者夫婦」です。「似合いのカップル」です。

この点、京都という異郷の地にあって、八重が新島の伴侶となったのは、救いであったと言うべきですね。その分、襄に先立たれてからの八重は、心棒がはずれた車のようです。

以後は、襄に代る心棒を探す日々であったかもしれません。お茶はそうした彼女のこころの中に滑りこんできた心棒（太さはともあれ）のひとつではなかったでしょうか。

（新春講演会、福島県中小企業団体中央会・会津社会保険協会、会津若松・東山温泉・御宿東鳳、二〇一二年二月二八日）

京都府立鴨沂高等学校の校門（旧女紅場の正門）

新島八重がかつて教員として勤務した女紅場は、兄・山本覚馬（京都府顧問）の建策に基づき、1872年に創立された。日本初の公立女学校である。丸太町橋西詰めの九条家河原町邸に設けられた後、1900年に現在地（京都御苑東の寺町通り）に移転した。その時、茶室と正門も移築されたが、正門だけが現存する。1904年、府立第一高等女学校となり、さらに戦後、現在の校名に改称された。

「美徳以飾為」（二）

前に『ハンサムに生きる』（口絵⑤）で、福島県立葵高等学校が保有するこの書（額）の写真を紹介し、「新島八重最晩年の揮毫（きごう）」と記した。その後、この文言は、「八重のことば」として、世にもてはやされるようになった。ひとつには、これ以外に彼女の「名言」が、そう見当たらないからでもある。

その後、熊本に行った際、私は同じ文言を書いた新島襄の書があることを知った。そこで、『ビーコンヒルの小径』（六二頁）に、両者の写真を並べて掲載した。両者の字体やスタイルがよく似ているので、「八重は、新島の書を真似て書いたと思われる」と推定もした。つまり新島が残した書を、八重は晩年になって再生したのである。

最近、私の推測を裏付ける八重の証言を手に入れた。こうである。

「〔襄は〕いつか熊本の女学校から頼まれて書いた額に、『美徳を以て飾りとせよ』と書いて送りましたが、これが、襄の理想であったらしく思はれます」（山梨淳「新島八重の雑誌記事集成」三三頁、『新島研究』一〇三、同志社社史資料センター、二〇一二年）。

この結果、この文言が「八重のことば」ではなく、「新島のことば」であることが、立証された。以前のミスを訂正するために、同じ文言を再度取り上げた所以である。

「新島のことば」と言っても、新島の独創ではない。もともとは、「新約聖書」の一節である。「ペテロの第一の手紙」三章三節～四節の聖句によれば、イエスの使徒、ペテロは信徒たちに向かい、「外見の飾り」ではなく、内面の「朽ちることのない飾り」を身に着けよ、と説く。新島は早くにこれに共感し、ついで、八重もまた、これに共鳴したのである。

ちなみに、この文言に関し、八重には記憶違いがある。原文は、「美徳を以て飾りとせよ」ではない。さらに、本来の読みは、「美徳、以て飾りと為せ」であろう。この点も、あわせて訂正しておきたい。

はじめての八重

―「八重の桜」つぼみ編―

少女時代

山本八重子（以下、八重）は、明治維新まであと二十三年という幕末に会津若松（現福島県）で生まれました。一八四五年十二月一日（弘化二年十一月三日）、会津藩鶴ケ城のすぐ近くです。

幼い頃からとても活発で、石投げなど男の子にも負けませんでした。力も強く、十三歳の時には六十キロもの米俵を肩まで四回続けて持ち上げることができました。

家（山本家）は砲術師範の家系でした。共に砲術師範であった父（権八）や兄（覚馬〔かくま〕）の指導もあって、鉄砲も大砲も早くから操縦することができました。八重自身も、砲術や戦いが好きでした。

戊辰〔ぼしん〕戦争

明治維新の直前、八重が二十三歳の時（一八六八年一月二十七日）、京都で戊辰戦争が勃発しました。鳥羽伏見の戦いです。これが、山本家の運命を決定づけます。この戦争は、日本を二分する大戦で、西軍（薩長土肥主体）と東軍（幕府軍）とが激突しました。最終的には、函館戦争で戊辰戦争が終戦します。ここで西軍の勝利が確定し、世は、薩長を主体とする新政府主導の明治維新を迎えます。

山本家が仕えた会津藩主は、もともと将軍（幕府）との関係がとりわけ緊密でした。初代藩主（保科正之（ほしなまさゆき））は二代将軍（徳川秀忠）の四男です。鳥羽伏見の戦いでは、八重の兄の覚馬（かくま）と、弟の三郎も、西軍に対抗して戦いました。三郎は、この時受けた傷がもとで、戦死します。一方、兄の動向は会津の留守宅には伝わらず、行方不明、もしくは戦死したと思われました。

会津戦争で籠城

京都の初戦で勝利した西軍は、その後、幕府の拠点である江戸を攻め、江戸城を無血開城させることに成功いたします。西軍は、勢いを得て北上し、長岡戦争を経て、東軍の主力部隊である会津藩に攻めこみます。会津藩の藩士や女性たちは、一か月間、鶴ケ城に籠城し、果敢に抵抗いたします。女性たちは、握り飯をつくったり、鉄砲の弾を運んだり、けが人の看病をしたりして、奮闘しました。なかでも八重は男装して、男になり切ろうとしました。そのために、長い髪を切り、銃で武装し、弟の三郎が残した形見の服と大小の刀を着用して、戦いました。

時には城を出て、夜襲にも出かけました。当時は武術の弁え（わきまえ）がある女性でも、たかだか薙刀（なぎなた）であったのに対し、八重は鉄砲と大砲が撃てたので、その働きは男並みでした。しかも、他の藩士が旧式のゲベール銃（単発）であったのに対し、八重は最新のスペンサー銃（七連発）を持っていました。精密性と機能性では、比較にならないくらいの差異がありました。

殿のために一命を投げ打つ覚悟

八重はこの戦争で、弟だけではなく、やがて父親（権八）をも亡くします。隣家の伊東悌次郎という少年も、そうです。彼は八重から銃の指導を受け、年齢を偽って白虎隊に入りました。結果は飯盛山での自刃です。彼女自身も、忠誠を誓った殿（藩主の松平容保）のために、一命を投げ打つ覚悟でした。帽子を銃弾で打ち抜かれるという危ない目にも遭いました。が、戦死することなく、会津藩の降伏に立ち会いました。会津藩は、天皇に反逆した「賊軍」のレッテルを西軍から貼られたので、敗戦後、その「汚名」を晴らすのが、会津の人たちの悲願となりました。八重の気持ちもまったく同じです。

落城の歌

屈辱の敗戦となって、八重の心は痛みに痛みました。城を敵に明け渡す前の晩、彼女は歌を詠みました。その文言を、こうこうと照り輝く月明かりを頼りに、かんざしで城内の壁に刻みました。

明日の夜は何国の誰かながむらん　なれし御城に残す月かげ

いままで見慣れたこの月を、明日はいったいどこの国の誰が眺めるのだろうか、という悔しさと無念さ、そして悲哀が込められています。彼女は、死ぬまでこの時の挫折とやるせなさを忘れることはありませんでした。この歌を何度も何度も筆にしています。会津戦争の回顧談は、彼女の十八番になりました。語らずにはおられなかったのです。

結婚

八重は十九歳のころ、会津戦争の前ですが、川崎尚之助と結婚します。彼は、但馬出石藩（現兵庫県豊岡市）の出身で、江戸で蘭学や砲術を勉学中に、同じく江戸で修業中の、八重の兄、覚馬に認められます。覚馬は、川崎の人物と学問を高く評価し、その後、会津藩に招いて、藩校・日新館蘭学所の教授に就けます。八重は、兄が自宅に住まわせたこの青年と少女の頃に知り合い、やがて結婚をします。

しかし、敗戦後、川崎は東京、青森（斗南藩）へと追いやられたため、離別（あるいは離婚）せざるをえませんでした。戸籍の上では、入籍が確認できませんので、八重との結婚は、事実上の結婚だったのかも知れません。

離婚の理由を始めとして、川崎のことは、これまでほとんど知られていませんでしたが、二〇一一年秋になって、いくつかの資料があちこちで見つかり始めています。たとえば、会津藩士に取り立てられた、という記録も出てきました。こうした新資料が次々と出れば、川崎の伝記が作れるでしょう。そうなれば、八重の結婚と離別（離婚）の消息も、もう少し鮮明になるはずです。

山本覚馬

戦争後、八重は家族と共に、一時は米沢へ避難します。これも最近、明らかになったことです。さらにそれ以外にも、米沢と八重（の家族）の関係については、奇しき関係がありますので、いずれ本書別巻（二）で紹介するつもりです。

米沢滞在中に、兄の覚馬が京都で生きていることを知らされたのでしょうか、八重は、母（佐久）、姪（峰）と共に京都へ転じます。焼け野原の会津が復興するのは、時間がかかったはずです。それに女性だけの自立には、相当の困難が予想されました。

覚馬は、八重たちより早くに京都に出ていました。一八六二年、藩主が京都守護職というポストに就いたために、殿に随い、京都に移っていました。

その六年後に、鳥羽伏見の戦いが始まり、幕府軍（会津藩ほか）は敗戦を喫しました。覚馬は薩摩藩に囚われました。しかし、幽閉中に彼が若い会津藩士に口述筆記させた『管見』という建白書は、薩摩の要人たちを驚嘆させるほどの進んだ内容でした。覚馬の開明性と国際的視野を評価した京都府は、まもなく彼を京都府顧問（知事のブレーン）に取り立てました。

後には、京都府議会初代議長になったり、今の京都商工会議所を開いて第二代会頭になったりしました。要するに、京都の政財界の大立者でした。

女紅場教員

その覚馬は、首都を東京に奪われた京都の復興策（街起こし）としてさまざまな提案や建策をします。そのひとつが、日本初の公立女学校（女紅場）の設立です。八重はここで女性教員として働きました。キャリア・ウーマンの走りです。彼女は、寄宿舎で生徒を取り締るかたわら、機織りや養蚕などを教えました。

その一方で、学生と同様に、同僚イギリス人教員から英語も習いました。それだけでなく、京都に入ってきたアメリカ人宣教師からキリスト教を学ぶように兄から勧められました。外国人や外来宗教を毛嫌いする京都にあっては、英語やキリスト教に接触しようとする女性は、極めて稀でした。八重の進取性が光ります。

新島襄と出会う

まもなく、アメリカ帰りの新島襄が、赴任地の大阪から観光と保養のために京都へやって来ました。一八七五年四月のことです。彼は幸運にも覚馬と面談する機会に恵まれました。相互に意気投合したふたりは、連名でキリスト教主義学校の設立を企てます。これが半年後の一八七五年秋（十一月二十九日）に開校させた同志社英学校（男子校）です。京都府（山本覚馬）から「誘致」されなければ、同志社が京都に立地できる可能性は、絶無です。

開校以前から、八重は新島から聖書を習うなど、交流を深めていました。やがて、新島から見染められ、ふたりは婚約いたします。信徒であり、牧師である新島と婚約したことが知事に伝わると、八重はたちまち府立女学校（女紅場）教員を解職されました。危険分子だと見なされたのです。

八重が新島と知り合ってから婚約するまでのどこかの時点で、彼女は前の夫、川崎が東京で病死した、との情報を得ます。これで、八重には新島との婚約や再婚に至る支障が無くなります。

洗礼と結婚

しだいにキリスト教に感化された八重は、やがて同志社教員で宣教師のＪ・Ｄ・デイヴィスから洗礼を受けます。京都に生まれた最初のクリスチャン（ただしプロテスタント）です。翌日、八重と新島は、キリスト教式の結婚式を挙げます。これも京都で最初のプロテスタント流結婚式です。

こうして山本八重子は、新島八重になりました。八重は、信徒にして牧師夫人、校長夫人になる道を自ら切り開こうとしたのです。かつての女性兵士は、鉄砲を聖書に持ち替えて、クリスチャン・レイディに変身しました。こうした八重を新島は、「ハンサムに生きる人」と見ていました。「見た目より心」が大事だ、というのが、彼の女性観です。きわめてキリスト教的な見方です。

八重は、夫の期待に応えようと、「ハンサム・ウーマン」（クリスチャン・レイディ）を目指します。

同志社女学校

結婚後、八重はかつて教員であった経験を活かそうとしたのか、あるいは嚢の希望を汲んだのか、新婚家庭（借家）を開放して女子のための塾を始めました。宣教師夫人の助けを借りたものの、あまり長続きしませんでした。

また、自宅には教会が設立されていて、新島が初代牧師でしたので、毎週、家庭（応接間、あるいは居間）で礼拝が守られました。結婚後は、この教会を八重も手伝うようになります。

独身女性宣教師が京都に赴任するようになると、女性のためのミッション・スクールが、宣教師の借家で始められます。今度は八重が宣教師を手伝います。やがてこのスクールが同志社女学校に発展すると、新島が校長に就任します。八重も母と寄宿舎に住み込んで、寮母をしたり、生徒に礼法（礼儀作法）を教えたりしました。

しかし、八重と母は、キリスト教教育の理解が不十分、と宣教師から批判を受け始め、やがて職場を離れます。

マイホームで生徒をもてなす

いまの「新島旧邸」が竣工すると、それまでの借家（町屋）と違って、暮らしの基本が洋風になりました。三方にベランダを配したコロニアル・スタイルの住宅で、部屋も洋室が基本です。内部はセントラル・ヒーティングが設置され、テーブルやイス、ベッド、洋式トイレなどが用いられました。生徒や来客、教会の人たちの出入りも活発になります。応接間や食堂、書斎などは、いろいろな集会や勉強などに使われました。

八重はこの家に同志社の生徒を招いて食事を振る舞ったり、正月にはカルタ遊びをしたりしていっしょに楽しみました。子どもがいなかった新島夫妻には、生徒や学生が、自分たちの子どもでした。

新島校長を人前で「裏」と呼び捨てたり、新島より先に人力車に乗り込む八重を「悪妻」と非難する者が、同志社の学生の中にもいました。和服に帽子、靴という、洋装と和装を混用する彼女を、「鵺（ぬえ）」（化け物）とも呼んで中傷しました。

襄に先立たれる

襄は、病弱にもかかわらず、牧師、校長としてあちこちに出張しました。伝道、講演、学生募集、募金、陳情、官庁廻り、保養、その他です。なかでも塾同然の同志社を大学（日本初の私立大学）にするための募金活動には、大変、熱心でした。医者が止めるのも聞かずに関東に出張した時には、案の定、旅先（前橋）で倒れてしまいました。

以後、社会的活動はいっさいできない身体になりました。一八八九年末、暖かい大磯に転地して、回復に努めました。が、好転することはありませんでした。ついに八重は電報で呼び出され、京都から急行します。ようやくのことで、臨終の襄のところへ駆けつけることができました。一八九〇年一月二十三日、襄は八重の左の腕に抱えられて、息を引き取りました。「グッドバイ、また会わん」が、八重への最後の言葉だったと言われています。

日本赤十字社での活動

夫が亡くなったのち、八重は広い自宅に独り住まいを続けました。社会的活動にも関心が高く、日本赤十字社の社員や、篤志（とくし）看護婦人会のメンバーになりました。日清戦争・日露戦争では篤志看護婦（ボランティア・ナース）として大阪と広島の陸軍予備病院で奉仕活動をし、傷病兵たちの世話や看護をしました。その功績が認められ、（他の篤志看護婦たちと一緒に）民間女性としては初めて、政府から勲章（宝冠章）が与えられました。

茶道の先生として

普段の八重は、茶道に励むことに一生懸命でした。流派は、「裏千家」です。十三代家元、圓能斎の弟子となり、女性として最高位にまで上り詰めます。自宅の洋室の一部を改造して、茶室まで拵え、家元に「寂中庵」と名づけてもらいました。八重自身も茶道の師匠（実質）として、ここで女性の弟子をたくさんとりました。各地の茶会に出席することはもちろん、自身でも有名人を招いて、茶会を開くことにも熱心でした。

永眠と埋葬

八重は襄に比べて、もともと健康でした。病気ともあまり縁がなく、八十六歳で発病する三日前でも茶会に出席しております。この時の発病が原因（急性胆のう炎）で、一九三二年六月十四日に自宅で亡くなりました。十七日には、学内の栄光館で学校葬が行なわれました。遺体は、夫の葬儀の時のように、学生たちに交代で担がれて山を登り、夫の眠る若王子の山頂（現在の同志社墓地）に埋葬（土葬）されました。

墓碑銘を書いたのは、徳富蘇峰です。彼は、同志社に在学中、公開の席で八重を攻撃する演説を何度もぶちました。しかし、蘇峰は恩師の新島襄が死去した後は、八重を恩師の代わりに支援する、と彼女に約束し、八重を側面から支え続けました。

（同志社教職員組合教育研究会、新島会館、二〇一二年一一月一九日）

「何卒々々しんぼうして、
オトナシク御留守被下度希上候
グードバー」

再度の渡米のため、神戸を出港した後、新島は長崎に寄港した。その際に、八重に書き送った、旅の第一信の中に出る文言（追伸）である（③二六八）。長期にわたる不在期間中、新島にとって懸念すべきは、留守宅を任せた八重のことであった。静かに、そして辛抱強く、忍耐して家を守ることをひたすら八重に期待する新島だった。「グードバー」のような砕けた用例は、新島には大変珍しい。私信ならではの愛情表現である。

「今日は安息日故か、お前様になが説教致し申候」

新島は二度目の渡米中、ニューヨーク州クリフトン・スプリングスの温泉保養施設（サナトリウム）で静養した。比較的、自由時間に恵まれた彼は、京都で留守宅を守る八重に宛てて長い手紙（一八八五年二月一日付）を送った。その一節である（③三二九）。たまたま安息日（日曜日）であったからか、新島「牧師」は、八重に長い説教調の文章を書き綴った。内容は、牧師夫人としての心得である。

「此の身を主基督に捧げ、且我愛する日本に捧げたる襄の妻となられし御身ならば、何卒、夫之志と其望をも洞察し、少々の事ニ力を落さす、少々の事を気にかけす、何事も静に勘弁し、又何事も広き愛の心を以て為し、如何に人に厭はるゝも、人に咀はるゝも、又そしらるゝも、常に心をゆたかに持ち、祈りを常に為し、己を愛する者の為に祈るのみならず、己れの敵の為にも熱心に祈り、又其人々の心の□る迄も、其の為に御尽しあらば、神ハ必らすお前様之御身も魂迄も、御守り被下べし」（③三二九）。

この「お説教」を読んだ八重の反応は、どうであったのか。「なが説教」に閉口したのか、それとも牧師である夫の言い分にすなおに感服、脱帽したのか――。

「そんな野蛮な戦争で生命(いのち)を落したいと願う気持ちは、これっぽっちもありません」

戊辰戦争は、一八六八年一月末の鳥羽伏見の戦いで始まった。戦いは、北上し、江戸での争乱を経て、六月十五日、白河口(ぐち)の戦いで会津戦争に発展する。山本八重子が、鶴ケ城に籠城するのは、この年九月のことである。

八重の未来の夫、新島襄は、この春、アメリカのアーモスト大学で大学生活二年目を迎えていた。四月二十七日、ボストンで世話になったハーディー夫人に宛てて、江戸の家族から手紙が来たことを伝える。私訳すると――

「江戸の人たちは、将軍に敵対する者たち（enemy）が、江戸を攻撃するのでは、と大変、恐れています。父を始め、皆が私の帰国を望んでいます」。けれども、「私は、神のご用のために準備しなければならないので」帰るわけにはまいりません。「もし、今帰れば、戦争に行かなければならないと思います」。

その後に続く言葉が、八重からすれば、衝撃的である。「そんな野蛮な戦争で生命を落とし（kill myself）たいと願う気持ちは」である。八重の場合は、「立派な最後を遂げたい一心でございました」という決意で参戦したからだ（「男装して会津城に入りたる当時の苦心」四八頁、『婦人世界』四―一三、一九〇九年十一月）。彼女が身命を賭して参軍した戊辰戦争は、新島にとっては、人が殺し合う「野蛮な戦争」（such a barbarous war）にすぎなかった。

彼には、もっと高尚な戦いが待っていた。「私は救いのヘルメットを被り、神の御言葉である霊（Spirit）の刀を携え、サタンに対する戦争に自分を捧げたいのです」（⑥三四）。

おわりに

『ハンサムに生きる――新島襄を語る（八）』を出したのは、ちょうど二年前（二〇一〇年六月）でした。NHKテレビが、「歴史秘話ヒストリア」で八重を取り上げたのが、きっかけでした。八重情報をテンコ盛りにしたら、吉海直人教授（同志社女子大学）から、花マル的称賛をいただきました。八重本としては、「現在のところ、一番のバイブル」だ、と。

実は、あえて書き漏らした話題が、二、三ありました。だから、それだけでも「バイブル」じゃありません。いずれ、「補強」したいと漠然と考えていました。ですが、『ハンサムに生きる』を出した後は、とりあえずやれやれ、といった小休止状態でした。

そこへ、東日本大震災と福島原発事故（二〇一一年三月十一日）です。NHKは、きゅうきょ、大河ドラマ、「八重の桜」の放映を決定しました。がぜん、あちこちで八重人気が沸騰し始めました。

私の所にも、八重の本を出さないか、とのオファーが数件、参りました。ありがたい話です。ですが、すべてお断りしました。これまで通り、好きな本を好きな形で、自費で出す、という方針を貫きたい、と思ったからです。私の中では、商業出版と趣味の本は、両立しません。

例外は、会津の意向を全面的に汲んで昨年末に出したものです。早川廣中・本井康博著『新島八重

■本井康博「新島襄を語る」シリーズ　全十巻・別巻二巻（思文閣出版）

『千里の志（一）』（二〇〇五年六月）
『ひとりは大切（二）』（二〇〇六年一月）
『錨をあげて（三）』（二〇〇七年二月）
『敢えて風雪を侵して（四）』（二〇〇七年一〇月）
『元祖リベラリスト（五）』（二〇〇八年七月）
『魂の指定席（六）』（二〇〇九年五月）
『ハンサムに生きる（七）』（二〇一〇年七月）
『ビーコンヒルの小径（八）』（二〇一一年五月）
『マイナーなればこそ（九）』（二〇一二年二月）
『書名未定（十）』（二〇一三年刊行予定）
『日本の元気印・新島八重　別巻（一）』（二〇一二年六月）
『書名未定　別巻(二)』（二〇一二年一二月刊行予定）

Z

U

V

W

YA

YO

SHI

SO

TA

TO

O

P

R

SA

SE

KE

KI

KO

KU

KYO

MA

B

C

DA

DO

A

『日本の元気印・新島八重』索引

新島襄

新島八重

著者紹介

本井康博（もとい・やすひろ）

同志社大学神学部教授（1942年生）。神学博士。

専攻は日本プロテスタント史、とくに新島襄ならびに同志社史。『新島襄と徳富蘇峰』（晃洋書房、2002年）、『新島襄の交遊』（思文閣出版、2005年）、『新島襄と建学精神』（同志社大学出版部、2005年）、同志社編『新島襄の手紙』（共編、岩波文庫、2005年）、同志社編『新島襄　教育宗教論集』（同上、2010年）などを出版。

現在、「新島襄を語るシリーズ」全10巻を刊行中。

日本の元気印・新島八重

新島襄を語る　別巻(一)

2012年 6 月14日発行

定価：本体1,900円(税別)

著　者　本井康博
発行者　田中　大
発行所　株式会社思文閣出版
605-0089　京都市東山区元町355
電話　075-751-1781（代表）

印　刷
製　本　株式会社 図書印刷 同朋舎

ISBN978-4-7842-1634-5 C1016